筑波大学附属小学校
数量分野別問題集①

新傾向の数量問題の基礎固めから、
本格対策まで、これ１冊で!
出題された問題の類似問題30問収録!!

類似問題
全30問

数の構成・比較編

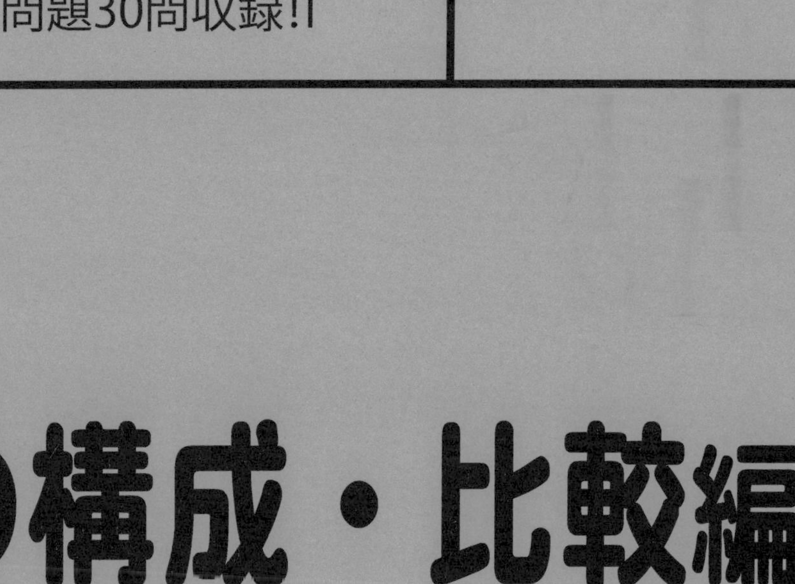

日本学習図書
http://www.nichigaku.jp

数量分野「数の構成・比較」学習のポイント

筑波大学附属小学校は言わずと知れた小学校入試の難関校の１つです。当校のペーパーテストの内容は、十数年「お話の記憶」「図形」の２つの分野からの出題しかなく、対策学習もこの２つを行えばよかったのですが、昨年から全グループで「数量」の出題が見られるようになりました。

本書ではこの問題に対応するための実際の出題（問題１～４）と類題を掲載しています。具体的に言いますと、「数の構成」「（数の）比較」を中心に、筑波大学付属小学校入試に出題されそうな問題の内容になります。

昨年の試験問題、または本書の内容をご覧になっていただければおわかりになると思いますが、筑波大学附属小学校入試で出題される数量分野の問題は、単純に数えて答えるというものではありません。もちろん、基本は数えることなのですが、その結果を操作して答えを出すという２つのステップが必要になってくるのです。

こういった問題を制限時間内に解くには２つの能力が必要なってきます。

① １～10の数のものなら絵をひと目見て「～個ある」とわかる能力。
② ２つの四角に描いてあるものを見比べた時、「どちらが多い（少ない）」と判断する能力。

これらの２つの能力があれば１問あたり数十秒しか時間のない当校の入試問題も答えられるようになります。例えば問題１は実際に出題された問題ですが、四角に描かれたミカンの数をいちいち数えていては、とても間に合わないわけです。

昨年初めて出題された数量分野の問題はグループに関わらず「①②の能力」を持っていることが前提になっています。具体的な問題の分野は「数の構成」と「比較」ということになりますが、２枚の絵に描かれているものの数をたすという「数の構成」にしろ、どちらが多い（少ない）を判断する「比較」にしろ、基本は数に対する感覚がないと「時間内に正解」はかなり難しいのです。

ただし、こういった能力は反復練習によって短期間で身に付けることが可能です。本書では出題された２分野のほかにも数に対する感覚を身に付けるための数量分野の問題を多数掲載しています。一見当校の入試には関係なさそうな問題も含んでいますが、２つの能力を成長させるものですから、ぜひ取り組んでみてください。

日本学習図書　編集部

問題1　分野：数量（数の構成）

〈準 備〉　クーピーペン（青）

〈問 題〉　左側のミカンの数と右側のミカンの数を同じにする時に使わないものを右側から選んで○をつけてください。

〈時 間〉　3分

〈解 答〉　下図参照

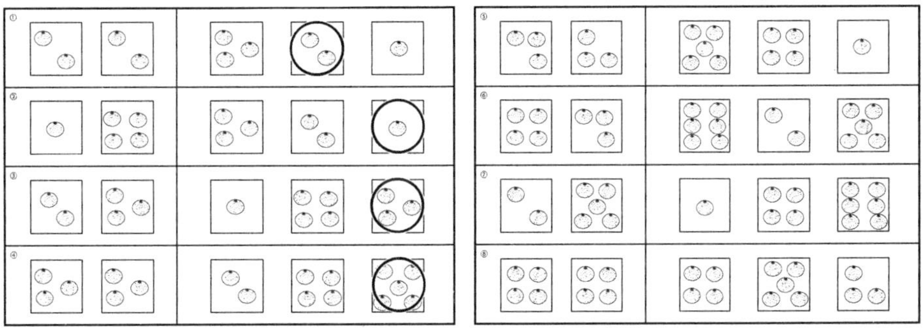

問題2　分野：数量（数の構成）

〈準 備〉　クーピーペン（青）

〈問 題〉　左側のリンゴの数と右側のリンゴの数を同じにする時に使わないものを右側から選んで○をつけてください。

〈時 間〉　3分

〈解 答〉　下図参照

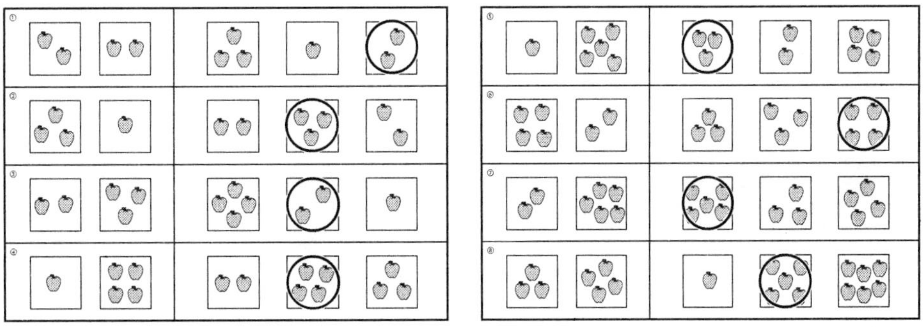

問題3　分野：数量（比較）

〈準備〉　クーピーペン（赤）

〈問題〉　２つの太い線で長いのはどちらでしょうか。選んで○をつけてください。

〈時間〉　３分

〈解答〉　下図参照

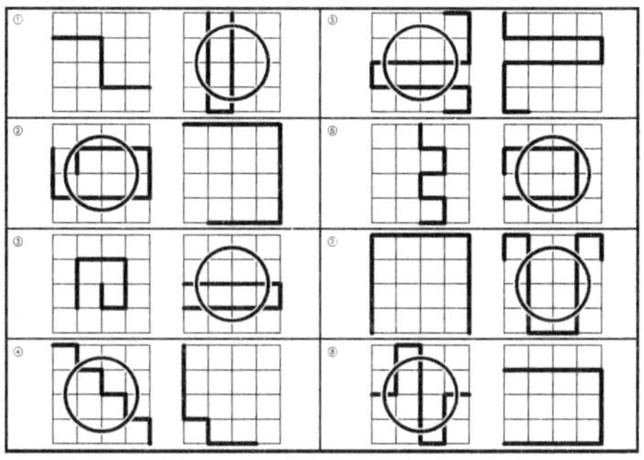

問題4　分野：数量（比較）

〈準備〉　クーピーペン（青）

〈問題〉　２つの太い線で長いのはどちらでしょうか。選んで○をつけてください。

〈時間〉　３分

〈解答〉　下図参照

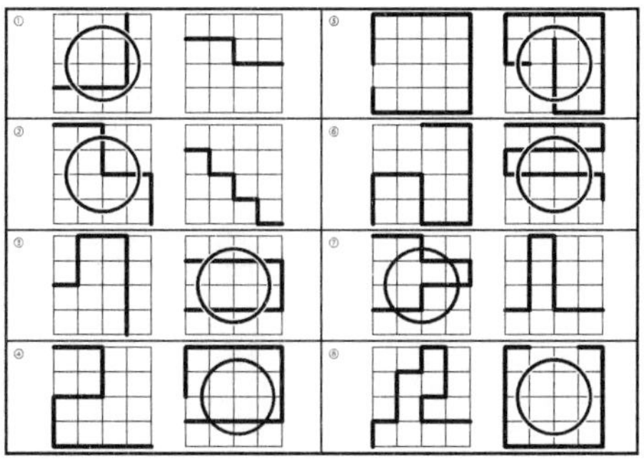

問題5　分野：数量（分配）

〈準備〉　クーピーペン（青）

〈問題〉　左の部屋の子どもたちが、持っている食べ物を仲良く分けると、余りはいくつになりますか。右のお皿の絵の中から、正しい絵を選んで○をつけましょう。

〈時間〉　各30秒

〈解答〉　①真ん中　②右から２番目　③右端　④右端

問題6　分野：数量（積み木）

〈準 備〉　クーピーペン（青）

〈問 題〉　左側にある積み木と同じ数の積み木を右から選んで○をつけてください。答えは１つとは限りません。①～③まで同じようにしてやりましょう。

〈時 間〉　各30秒

〈解 答〉　①左端と右端　②左から２番目と右から２番目　③左端と右端

問題7　数量（分配）

〈準 備〉　クーピーペン（青）

〈問 題〉　（問題７－１のイラストを渡して）
左の四角の中には動物と果物やお菓子が描いてあります。
動物たちが食べ物を仲良く同じ数ずつ分けるといくつずつになりますか。右のお皿の絵の中から正しいものを選んで○をつけてください。
（問題７－２のイラストを渡して）
左の四角の中には動物と食べ物が書いてあります。
動物たちが食べ物を仲良く同じ数ずつ分けると、食べ物はいくつ余りますか。右のお皿の絵の中から正しいものを選んで○をつけてください。

〈時 間〉　各２分

〈解 答〉　①左から２番目　②右端　③左から２番目　④左から２番目　⑤左から２番目　⑥右端　⑦右から２番目　⑧左端

問題8　分野：数量（積み木）

〈準 備〉　クーピーペン（青）

〈問 題〉　上の積み木と下の積み木を同じ数の物同士線で結びましょう。

〈時 間〉　１分

〈解 答〉　下図参照

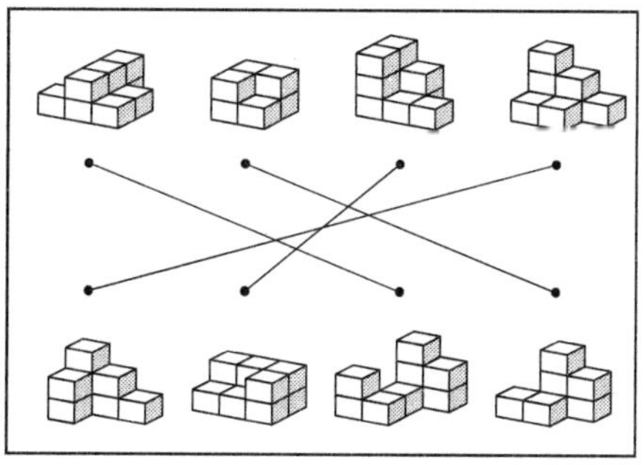

問題9　分野：数量（同数発見）

〈準備〉　クーピーペン（青）

〈問題〉　**この問題の絵は縦に使用してください。**
左の四角と星の数が同じものを右の四角の中から見つけて、○をつけましょう。

〈時間〉　各30秒

〈解答〉　下図参照

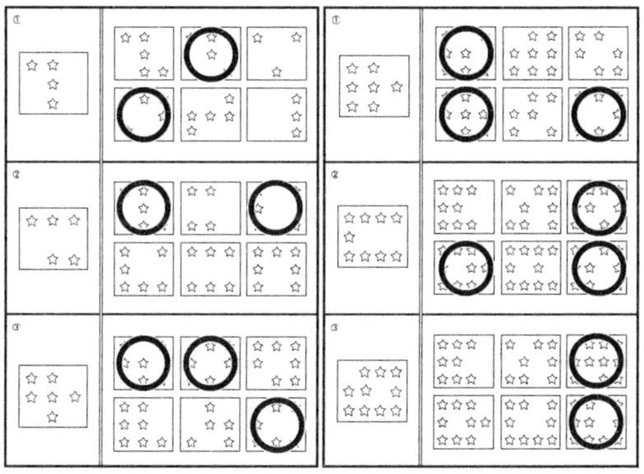

問題10　分野：数量

〈準備〉　クーピーペン（青）

〈問題〉　①男の子が６人、女の子が６人います。みんなに折り紙を１枚ずつ配ろうと思います。折り紙は今６枚あります。足りない数だけ下の四角の中の折り紙に○をつけてください。
②子どもたちみんなが座るためにはあといくつイスを持ってきたらいいですか。下の四角の中に並ぶイスに、持ってくる数だけ○をつけてください。

〈時間〉　各20秒

〈解答〉　①６　②７

問題11　分野：数量

〈準備〉　クーピーペン（青）

〈問題〉　**この問題の絵は縦に使用してください。**
①ウサギさんとキリンさんがドングリを持っています。ウサギさんがキリンさんよりドングリを２個多く持っている絵を選び、上の四角に○を書いてください。
②ライオンさんがクマさんよりドングリを３個多く持っている絵を選び、上の四角に○を書いてください。
③キツネさんのドングリが、タヌキさんより１個多く、リスさんより２個少ない絵を選び、上の四角に○を書いてください。

〈時間〉　①②各20秒　③30秒

〈解答〉　①右から２番目　②左端　③右端

問題12　分野：推理・数量

〈準 備〉　クーピーペン（青）

〈問 題〉　**この問題の絵は縦に使用してください。**
上の段の絵を見てください。○・△・□のロボットに上の数だけ、アメを入れると、アメが増えたり減ったりして出てきます。同じように下の段のロボットにアメを入れるといくつになって出てきますか。出てくる数だけ、下の四角の中に○を書いてください。

〈時 間〉　１分

〈解 答〉　○のロボット：６　△のロボット：４　□のロボット：７

問題13　分野：複合（数量・図形）

〈準 備〉　クーピーペン（青）

〈問 題〉　問題の絵を見てください。それぞれの段の、左側のビーズを使ってネックレスを作ります。ビーズをすべて使ってできるネックレスを、それぞれ右の四角の中から選んで○をつけましょう。

〈時 間〉　各30秒

〈解 答〉　①○：右から２番目　②○：右から２番目　③○：右端

問題14　分野：数量

〈準備〉　クーピーペン（青）

〈問題〉　**問題14-1、2の絵は縦に使用してください。**

①（問題14-1の絵を見せる）
上の図の5本ある木の間に2人ずつ人が立っています。
全部で何人の人が立っていますか？

②下の図では、最初にニワトリが3羽います。足の数は全部で6本です。
ニワトリが2羽去って行き、代わりにネコが2匹やってきました。
足の数は何本になりますか？

③（問題14-2の絵を見せる）
積み木を使って、いろいろな形を作りました。
左上の四角の中のイヌの数と同じ数の積み木に○をつけてください。
次に、四角の中のイヌの数より1個多い積み木に×をつけてください。

〈時間〉　各15秒

〈解答〉　①8人　②10本　③下図参照

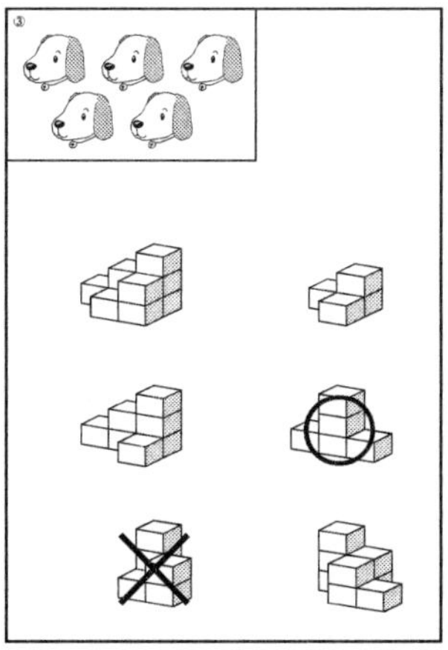

問題15　分野：数量

〈準備〉　クーピーペン（青）

〈問題〉　**この問題の絵は縦に使用してください。**

（問題15-1の絵を渡す）

①1番上の段を見てください。リンゴが4個あります。10個にするには、あといくつ足りないでしょうか。足りない数だけ四角の中に○を書きましょう。

②上から2段目を見てください。1番少ないものを選んで下の四角に○を書きましょう。

③上から3段目を見てください。1番多いものを選んで下の四角に○を書きましょう。

④上から4段目を見てください。3番目に少ないものを選んで下の四角に○を書きましょう。

⑤1番下の段を見てください。2番目に多いものを選んで下の四角に○を書きましょう。

（問題15-2の絵を渡す）

⑥上の段を見てください。サルが2匹います。お皿の中のバナナを同じ数ずつ分けます。下の絵を見て、同じ数ずつ分けられるお皿の四角に○を、分けられないお皿の四角に×を書きましょう。

⑦下の段を見てください。下のお皿の中の魚を3匹のネコで仲良く分けます。分けられるお皿の四角に○を、分けられないお皿の四角に×を書きましょう。

〈時間〉　①～③10秒　④～⑤20秒　⑥10秒　⑦30秒

〈解答〉　①○：6個　②○：左から2番目　③○：左から2番目
④○：左から2番目　⑤○：左端　⑥左のお皿：○、右のお皿：×
⑦左のお皿：○、真ん中のお皿：×、右のお皿：×

問題16　分野：数量（計数）

〈準備〉　クーピーペン（青）

〈問題〉　**この問題の絵は縦に使用してください。**

（問題16の絵を渡して）

1番上の段を見てください。この絵の中に同じ数のものが2つありますから、2つとも○をつけましょう。ヒマワリとチューリップは両方と3本なので、ヒマワリとチューリップに○をつけます。下の段も同じように答えてください。

〈時間〉　各20秒

〈解答〉　下図参照

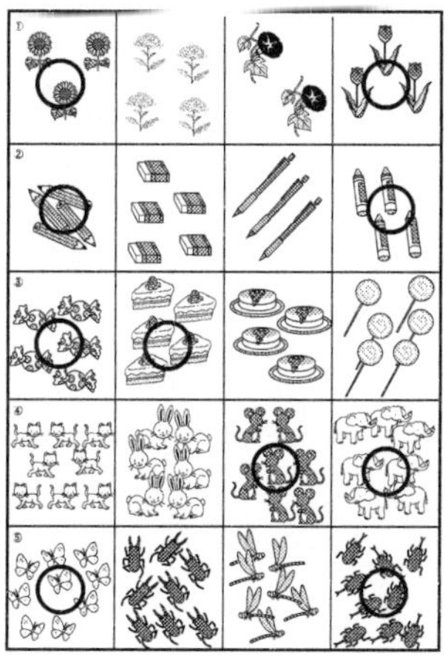

問題17　分野：数量（計数・数を分ける）

〈準備〉　クーピーペン（青）

〈問題〉　(問題17-1の絵を渡して)
①絵の中から「☆」と「★」のカードを数え、下のそれぞれのカードの右側に、その数だけ○を書いてください。
(問題17-２の絵を渡して)
②上の絵を見てください。左上の四角に描いてあるお団子の串をその他の場所に描いてあるお団子と串で作ります。できるお団子の串の分だけ、右の四角に○を書いてください。

〈時間〉　各１分

〈解答〉　①☆：○を10　★：○を11　②○：８

問題18　分野：数量（比較）

〈準備〉　クーピーペン（青）

〈問題〉　１番上の段の左の四角を見てください。マス目が白と黒に塗られていますね。右と左のマス目で白い部分と黒い部分が同じ大きさの形はどのマス目でしょうか。右側の四角から選んで○をつけてください。下の段も同じようにしてください。

〈時間〉　２分

〈解答〉　①右から２番目　②右端　③左から２番目　④右から２番目

問題19　分野：数量（計数・数を分ける）

〈準備〉　クーピーペン（青）

〈問題〉　(問題19の絵を渡して)
絵の中から「○」と「△」のカードを数え、下のそれぞれのカードの右側に、その数だけ○を書いてください。

〈時間〉　各１分

〈解答〉　①○：５　△：５

問題20　分野：数量（比較）

〈準備〉　クーピーペン（青）

〈問題〉　**この問題の絵は縦に使用してください。**
①２番目に多い絵に○をつけてください。
②２番目に少ない絵に○をつけてください。
③１番少ない絵に○をつけてください。
④１番多い絵に○をつけてください。

〈時間〉　各30秒

〈解答〉　①右端（８個）　②左から２番目（７個）　③右から２番目（５個）　④右端（10個）

問題21　分野：数量（同数）

〈準備〉　クーピーペン（青）

〈問題〉　**この問題の絵は縦に使用してください。**
左端の絵と同じ数のものを右側の絵の中から探して○をつけてください。

〈時間〉　３分

〈解答〉　①バケツ５個-ホウキ５本　②カエル７匹-カマキリ７匹
③クマ６頭-キリン６頭　④ピーマン10個-ニンジン10本

問題22　分野：数量（数の合成）

〈準備〉　クーピーペン（青）

〈問題〉　左側の四角の中に描かれている絵と同じ数にするにはどれとどれを合わせればよいですか。右側から選んで○をつけてください。

〈時間〉　各30秒

〈解答〉　下図参照

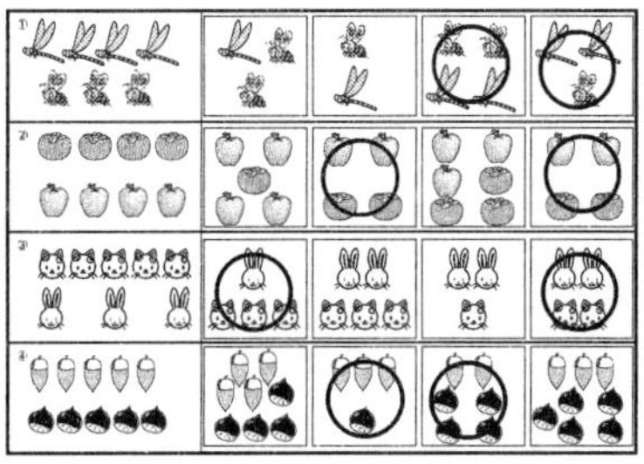

問題23　分野：数量（積み木・同数発見）

〈準備〉　クーピーペン（青）

〈問題〉　**この問題の絵は縦に使用してください。**
問題を聞いてあてはまる物に○をつけてください。
※積み木の大きさはすべて同じです。
①②は見本の数よりも少ない積み木を見つけて○をつけてください。
③④は見本と同じ数の積み木を見つけて○をつけてください。
⑤⑥⑦⑧は見本の数と同じ数の物を見つけて○をつけてください。

〈時間〉　２分

〈解答〉　①左下　②右上　③左上　④右上
⑤左から２番目　⑥左端　⑦右から２番目　⑧右から２番目

問題24　分野：数量（選んで数える）

〈準備〉　クーピーペン（青）

〈問題〉　**この問題の絵は縦に使用してください。**
左側の絵の中から、それぞれの形のものを数えて、その数だけ○を書いてください。

〈時間〉　各１分

〈解答〉　（左から）①○：３つ・○：３つ
②○：４つ・○：４つ
③○：４つ・○：３つ・○：３つ
④○：２つ・○：４つ・○：３つ・○：５つ

問題25　分野：数量（計数）

〈準備〉　クーピーペン（青）

〈問題〉　左端の見本と、使っている積み木の数が違うものを右側から探して、○をつけてください。

〈時間〉　１分

〈解答〉　①右から２番目　②右端　③左から２番目　④左端

問題26　分野：数量

〈準備〉　クーピーペン（青）

〈問題〉　絵を見てください。左上の動物たちが道を通ってお菓子の家まで行きます。
①リスは○を２つとばしで進みます。お菓子の家に着くまで○にいくつ止まりますか。その数だけ右上の四角の中に○を書いてください。
②イヌは○を３つとばしで進みます。お菓子の家に着くまで○にいくつ止まりますか。その数だけ右側の真ん中の四角に○を書いてください。
③ライオンは、○を５つとばしで進みます。お菓子の家に着くまで○にいくつ止まりますか。その数だけ右下の四角の中に○を書いてください。

〈時間〉　各１分

〈解答〉　①○：７個　②○：５個　③○：３個

問題27　聞き取り（数量・話の理解）

〈準備〉　クーピーペン（青）

〈問題〉　①ウサギの数とキリンの数はどれだけ違いますか。その数だけ、左下の四角の中に○を書いてください。
②右手だけを挙げている動物の数だけ右下の四角の中に○を書いてください。
③運転手は誰ですか。△を付けてください。
④左から６番目のお客さんに○をつけてください。

〈時間〉　１分30秒

〈解答〉　下図参照

問題28　分野：数量

〈準備〉　クーピーペン（青）

〈問題〉　この問題の絵は縦に使用してください。
（問題28の絵を渡して）
サイコロを振って、出た目の数によってもらえるキャンディーの数が変わるゲームをやります。サイコロの目が１・２の場合には、もらえるキャンディーが１個。サイコロの目が３・４の場合には２個、サイコロの目が５・６の場合には４個のキャンディーがもらえます。
①②③それぞれの段を見てください。ブタ君、タヌキ君、キツネ君が３回ずつサイコロを振っています。もらえるキャンディーの数だけ、右側に○を書いてください。

〈時間〉　各30秒

〈解答〉　①○：７　②○：８　③○：５

問題29　分野：数量・推理（ブラックボックス）

〈準 備〉　クーピーペン

〈問 題〉　**この問題の絵は縦に使用してください。**
お約束が書いてある1番上の絵を見てください。○と●が、白い箱、黒い箱を通ると、数が変わって出てきます。では、下のそれぞれの段の左端の○や●が箱を通ると、数はいくつになって出てくるでしょうか。その数だけ、右の空いているところに○と●を書いてください。

〈時 間〉　1分

〈解 答〉　下図参照（○●の配置は下図の通りでなくてよい）

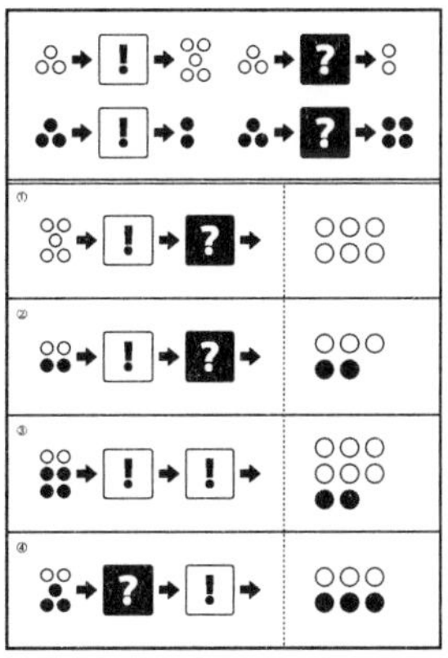

問題30　分野：推理・数量

〈準 備〉　赤色のクーピーペン

〈問 題〉　（問題30-1の絵を渡して）
①ネコさんが、「サッカーボールは野球のボールより遠くに飛びますが、バレーボールは野球のボールほど遠くに飛びません」と言いました。この時、1番遠くに飛ぶのはどのボールですか。上の段から選んで、○をつけてください。
②ペンギンさんが、「トマトはキュウリより数が少なくて、ナスはキュウリより数が多いです」と言いました。この時、1番多い野菜はどれですか下の段から選んで、○をつけてください。
（問題30-2の絵を渡して）
③④⑤それぞれの段の左の四角を見てください。いくつかのものがあります。1番多いものを選んで、その数だけ右の四角に○を書いてください。3問続けて答えてください。

〈時 間〉　①②各30秒　③④⑤各1分

〈解 答〉　①サッカーボール　②ナス　③○：8（飛行機）
④○：6（バナナ）　⑤○：7（ぶどう）

問題1－1

①

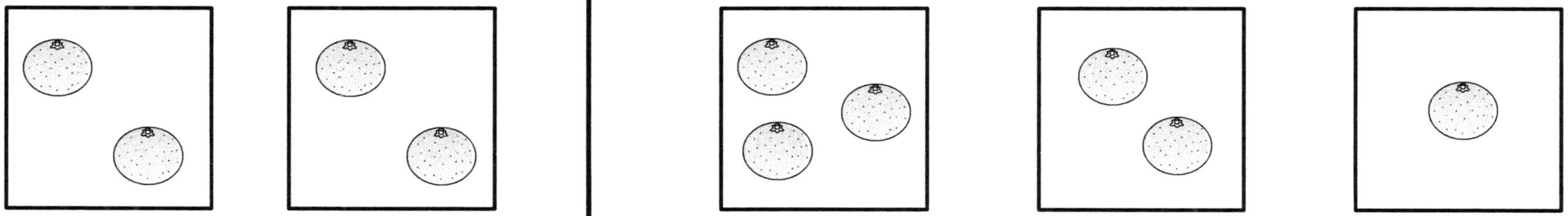

②

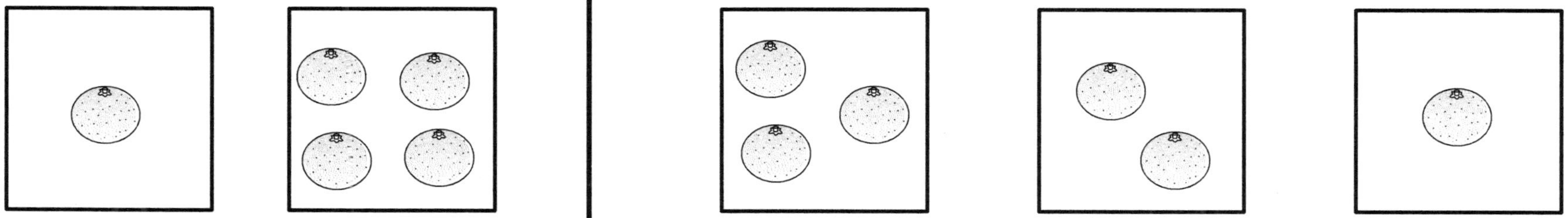

③

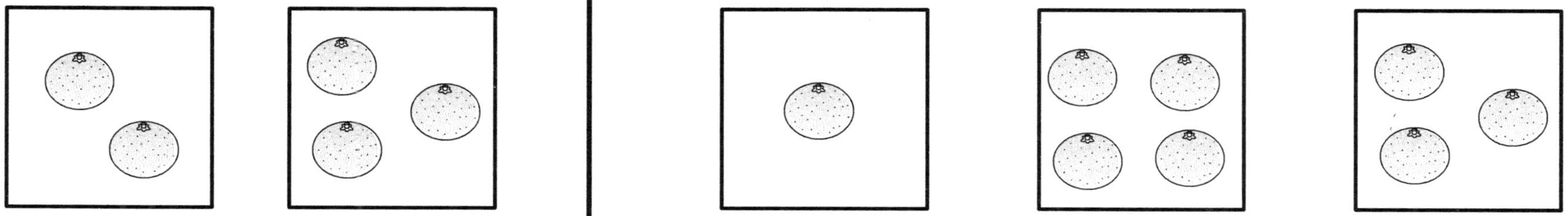

④

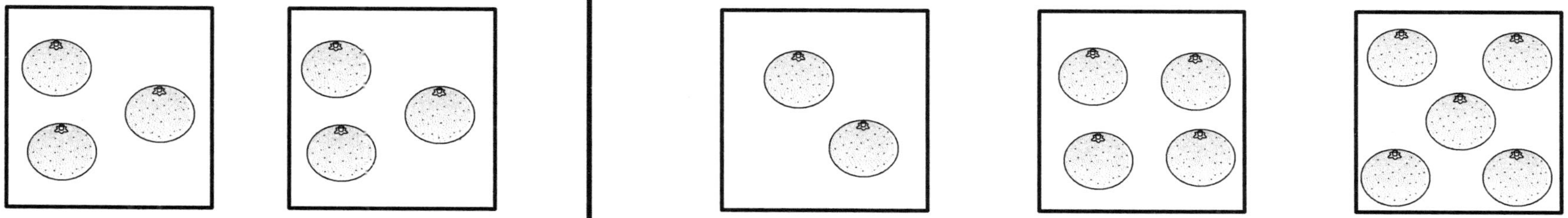

　　

問題1－2

⑤

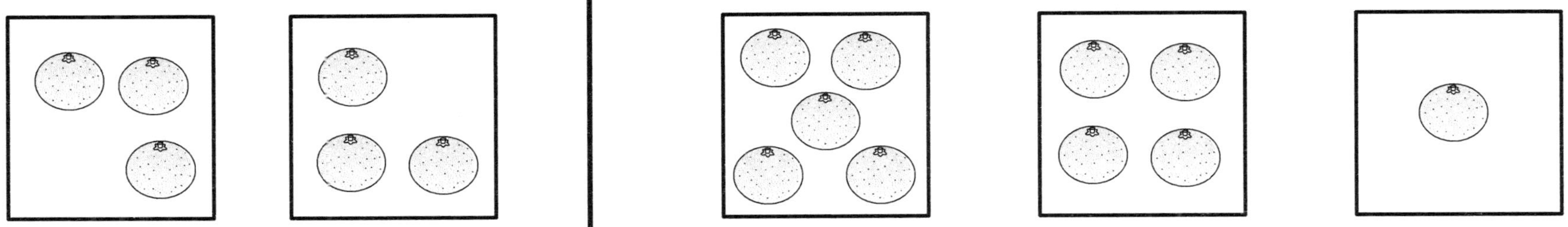

⑥

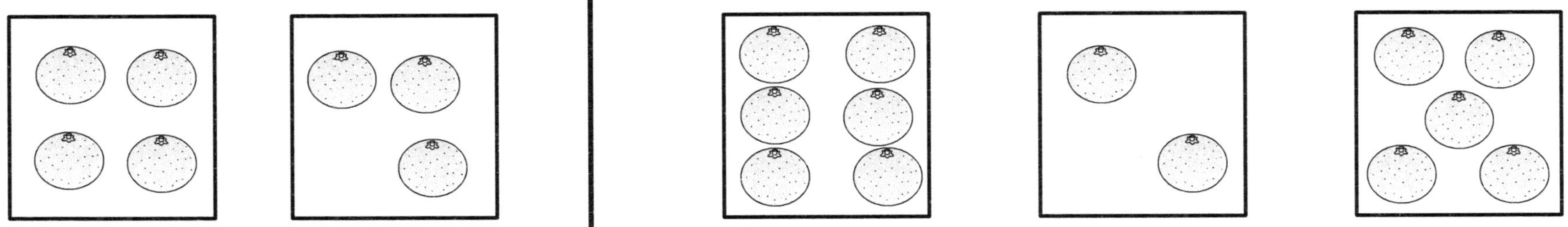

⑦

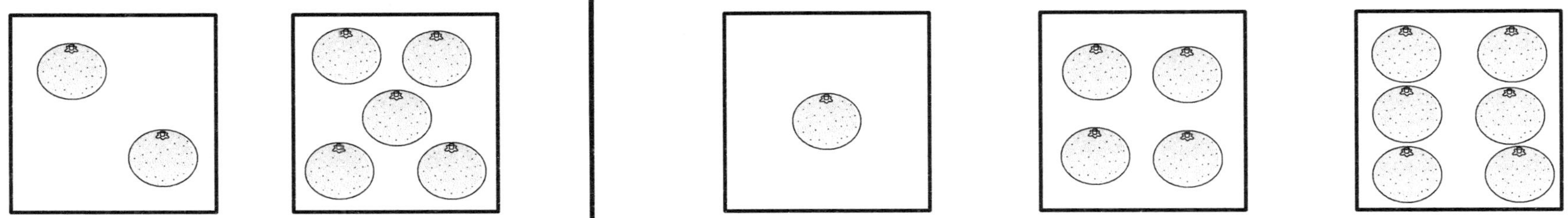

⑧

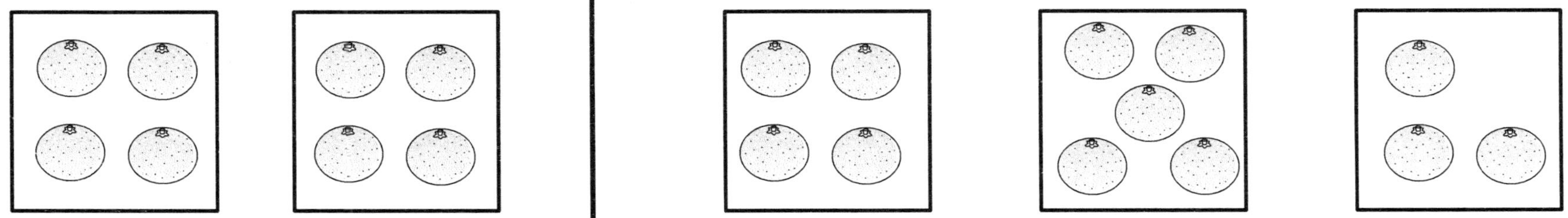

　

筑波大小　数量分野別問題集① 数の構成・比較編　無断複製／転載を禁ずる　日本学習図書株式会社

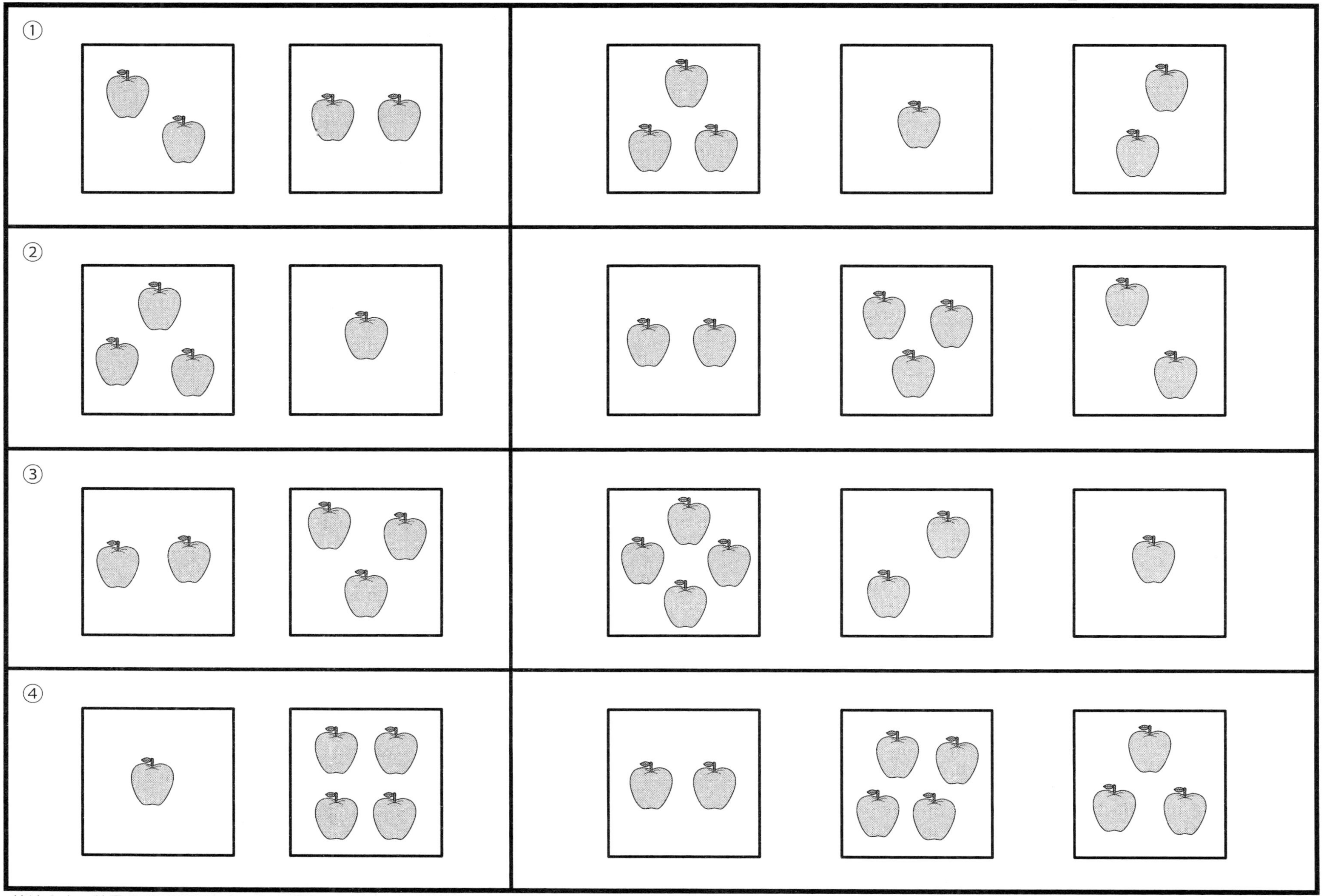

問題2－2

⑤

⑥

⑦

⑧

問題3

①

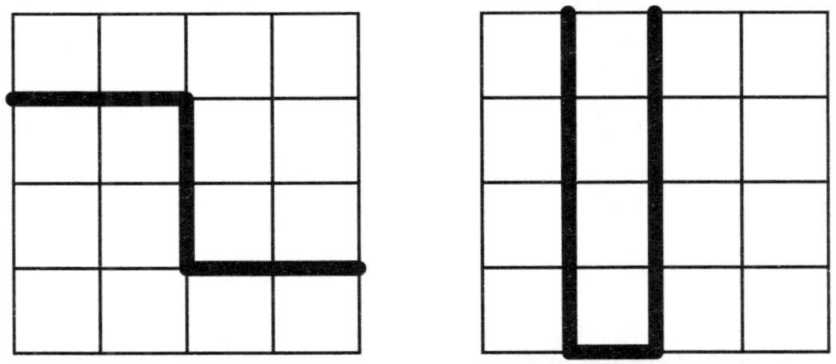

②

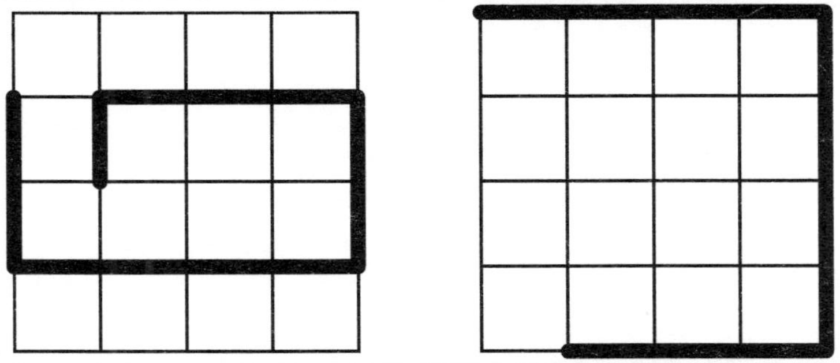

③

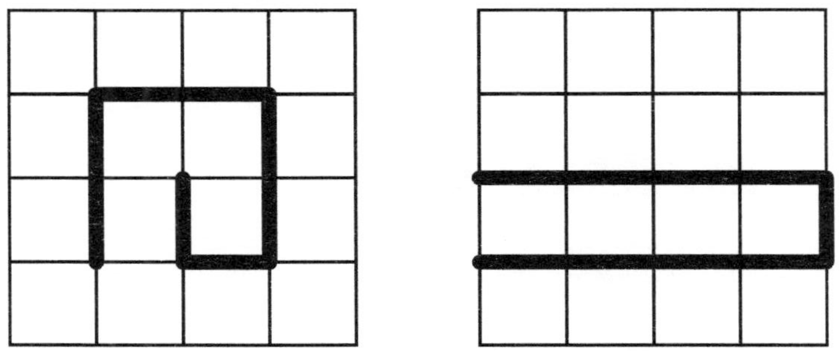

④

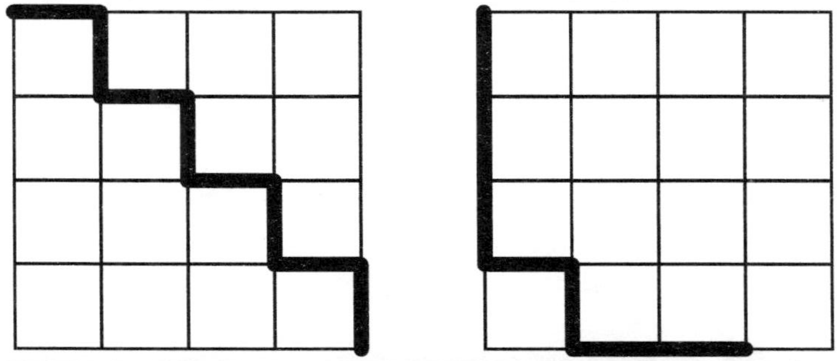

⑤

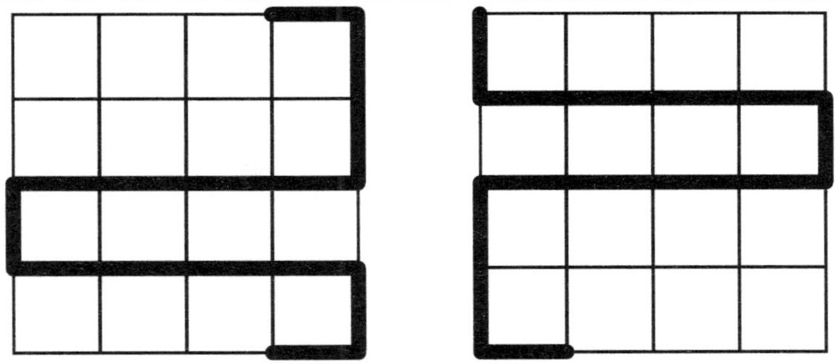

⑥

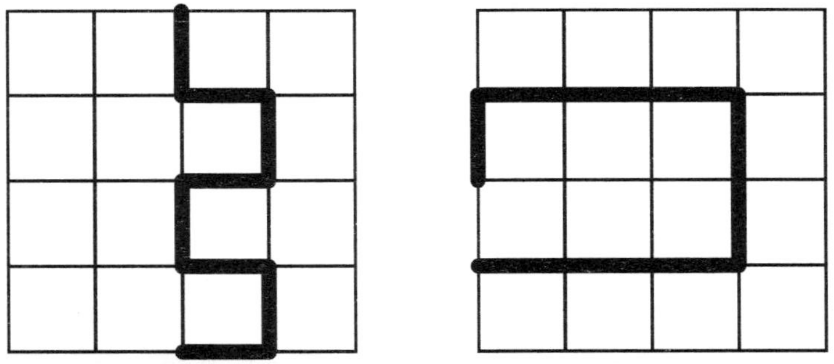

⑦

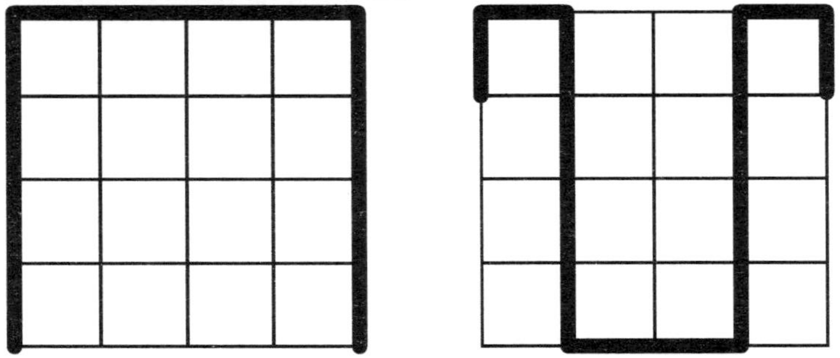

⑧

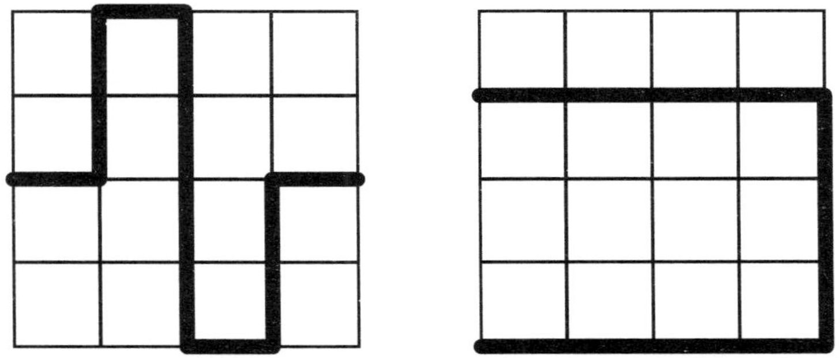

日本学習図書株式会社

問題4

①

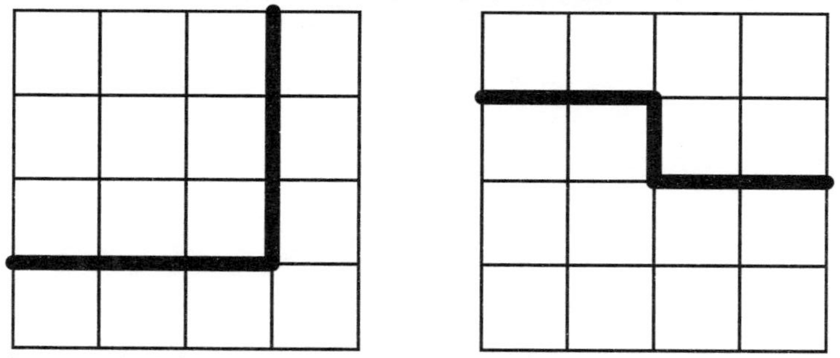

②

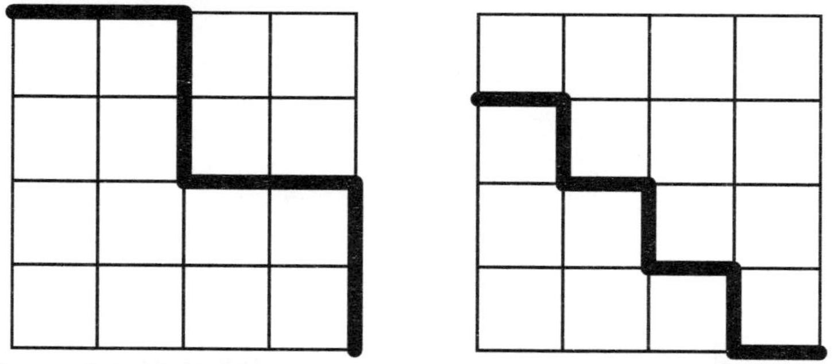

③

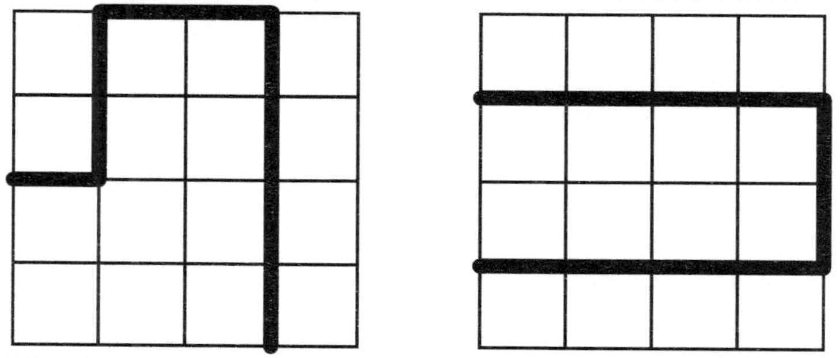

④

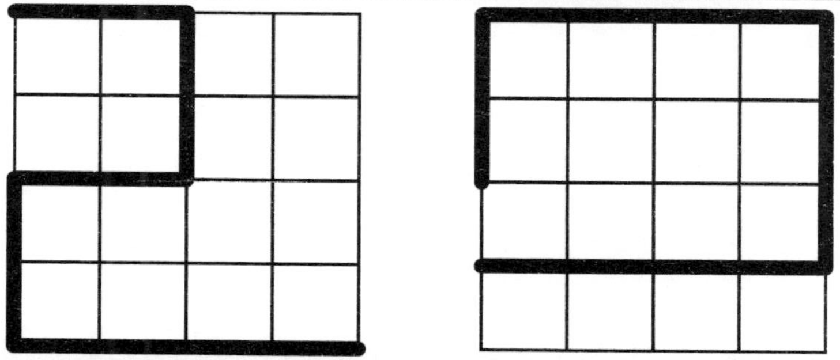

⑤

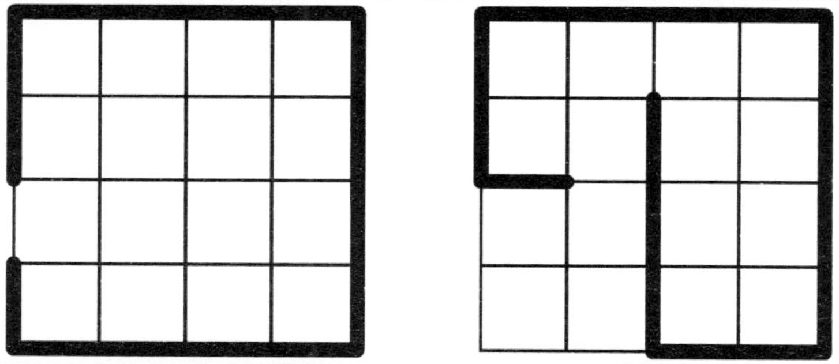

⑥

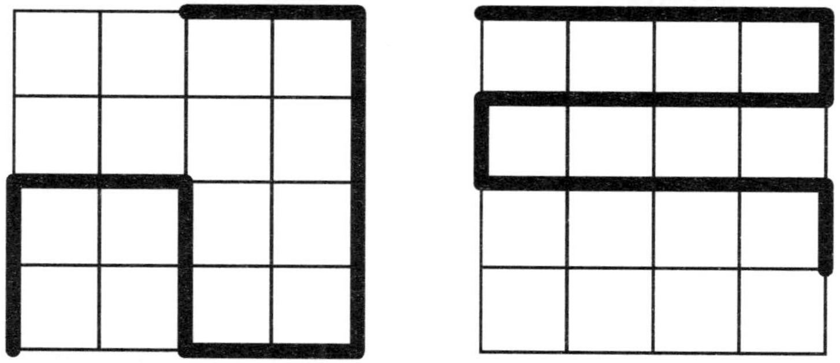

⑦

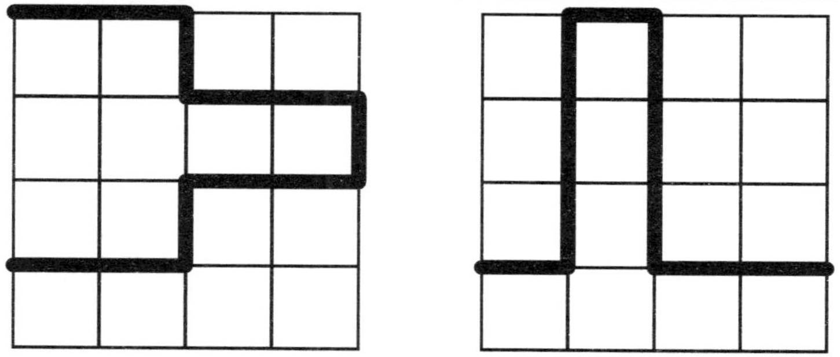

⑧

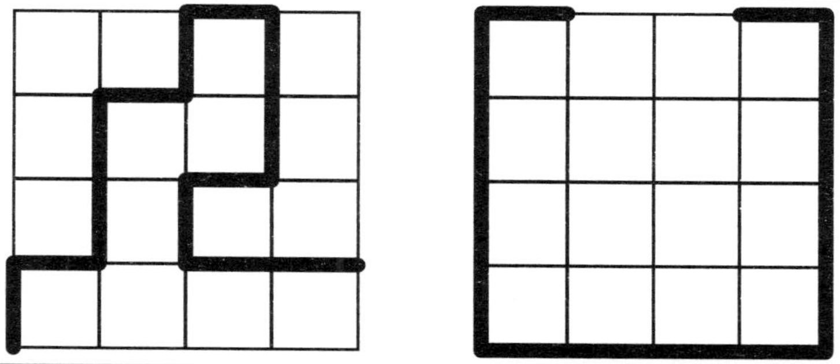

問題5

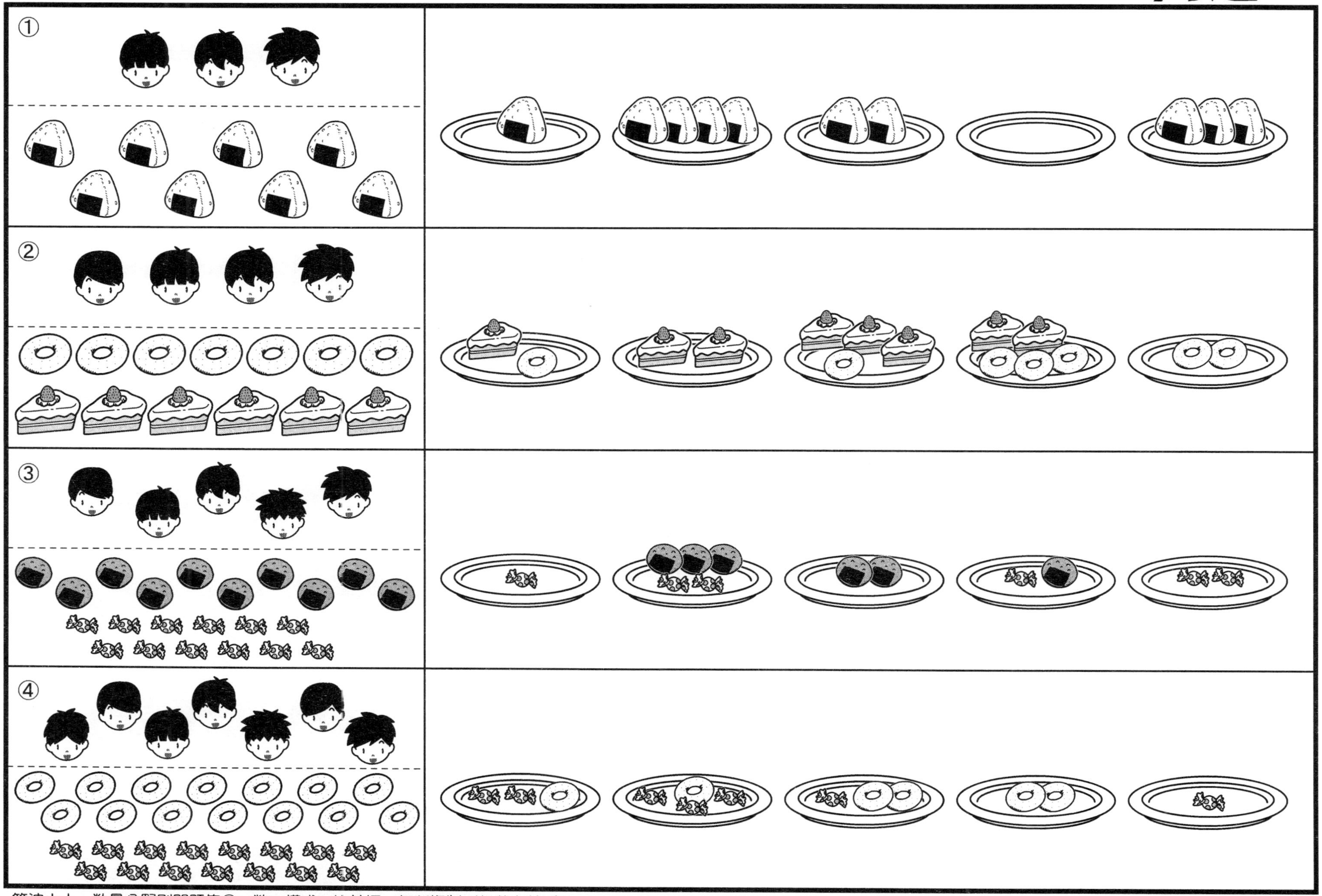

　

日本学習図書株式会社

問題5

問題6

①

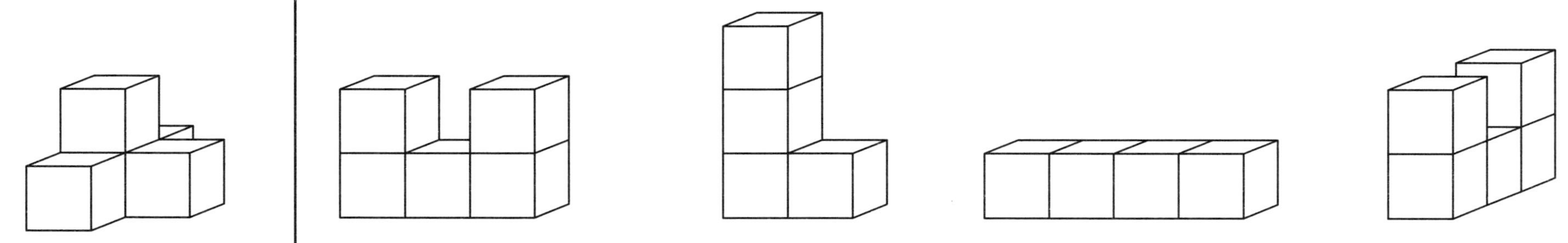

②

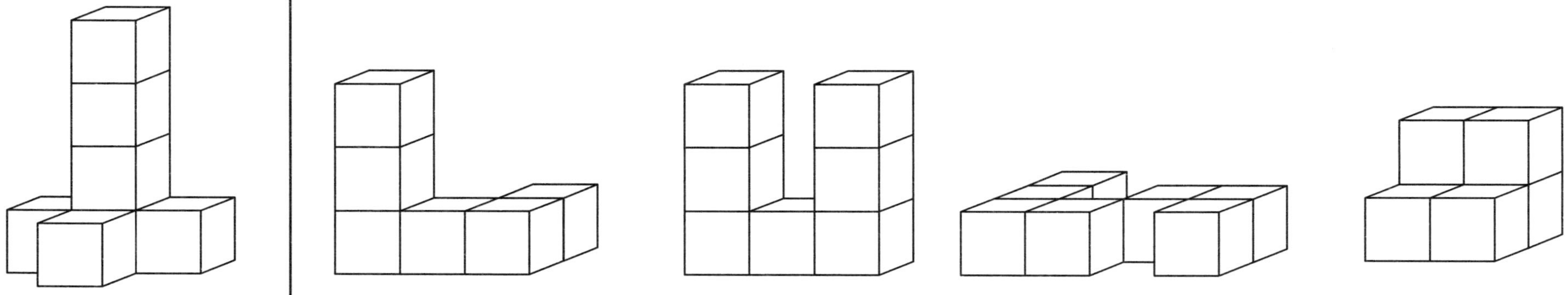

③

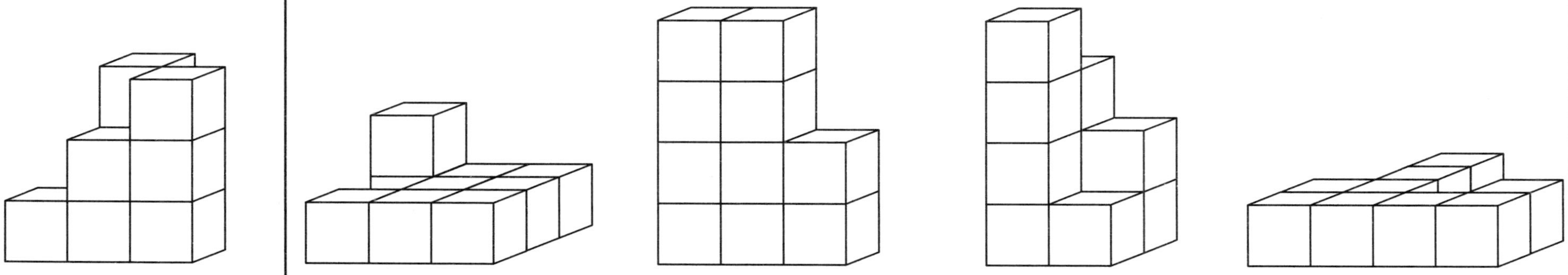

問題７－１

①

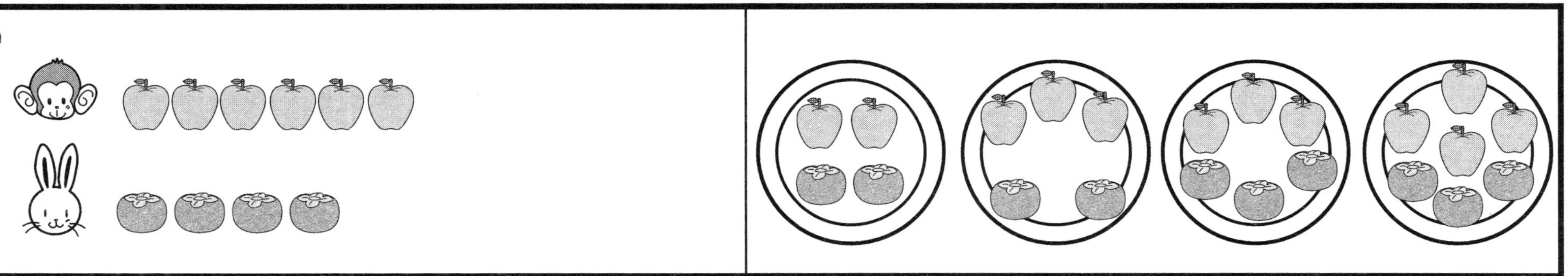

②

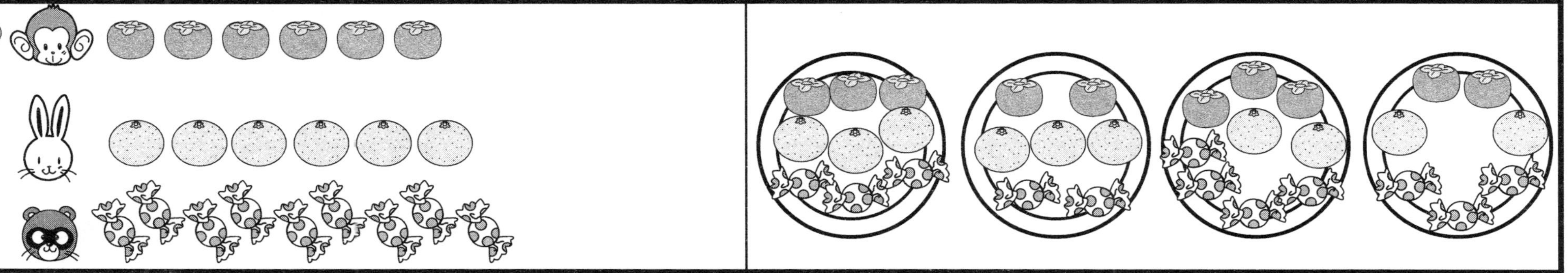

③

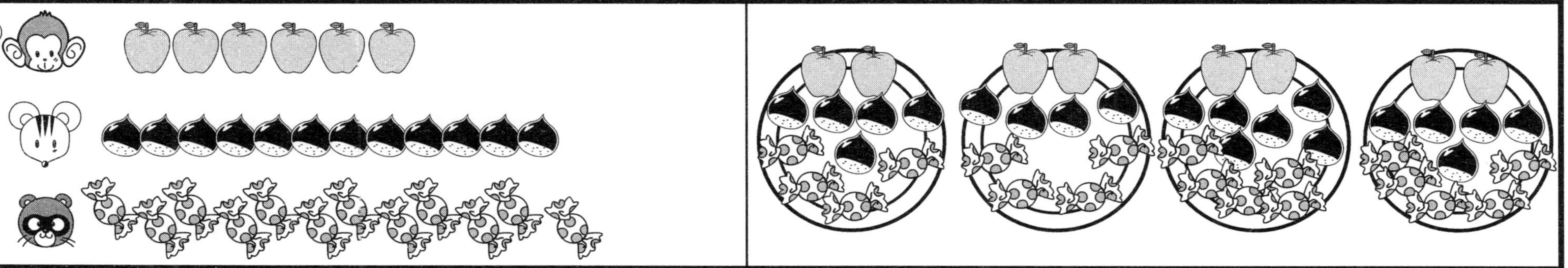

④

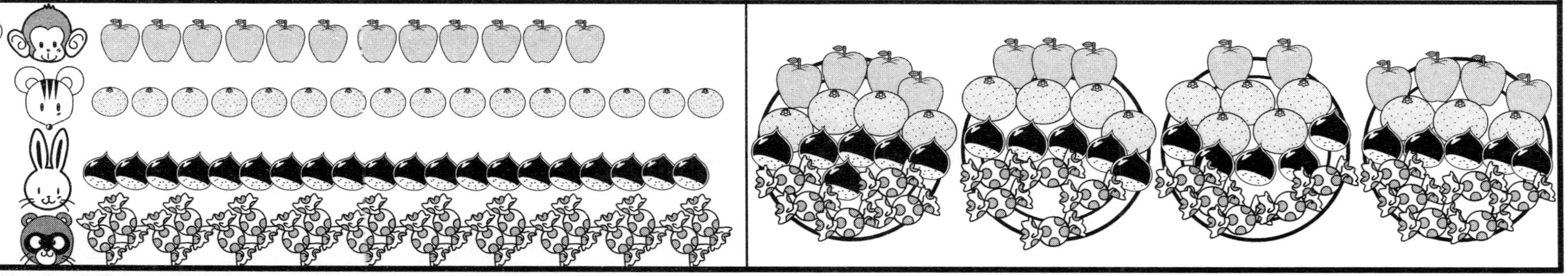

　

問題7－2

⑤

⑥

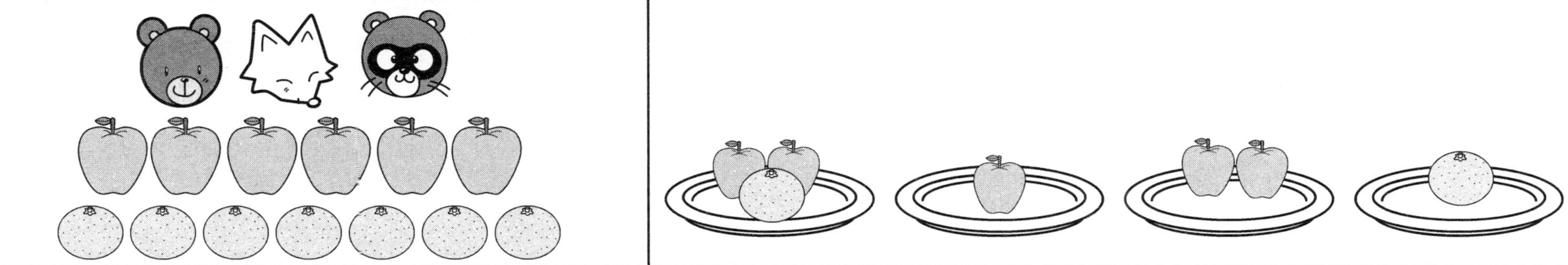

⑦

⑧

問題8

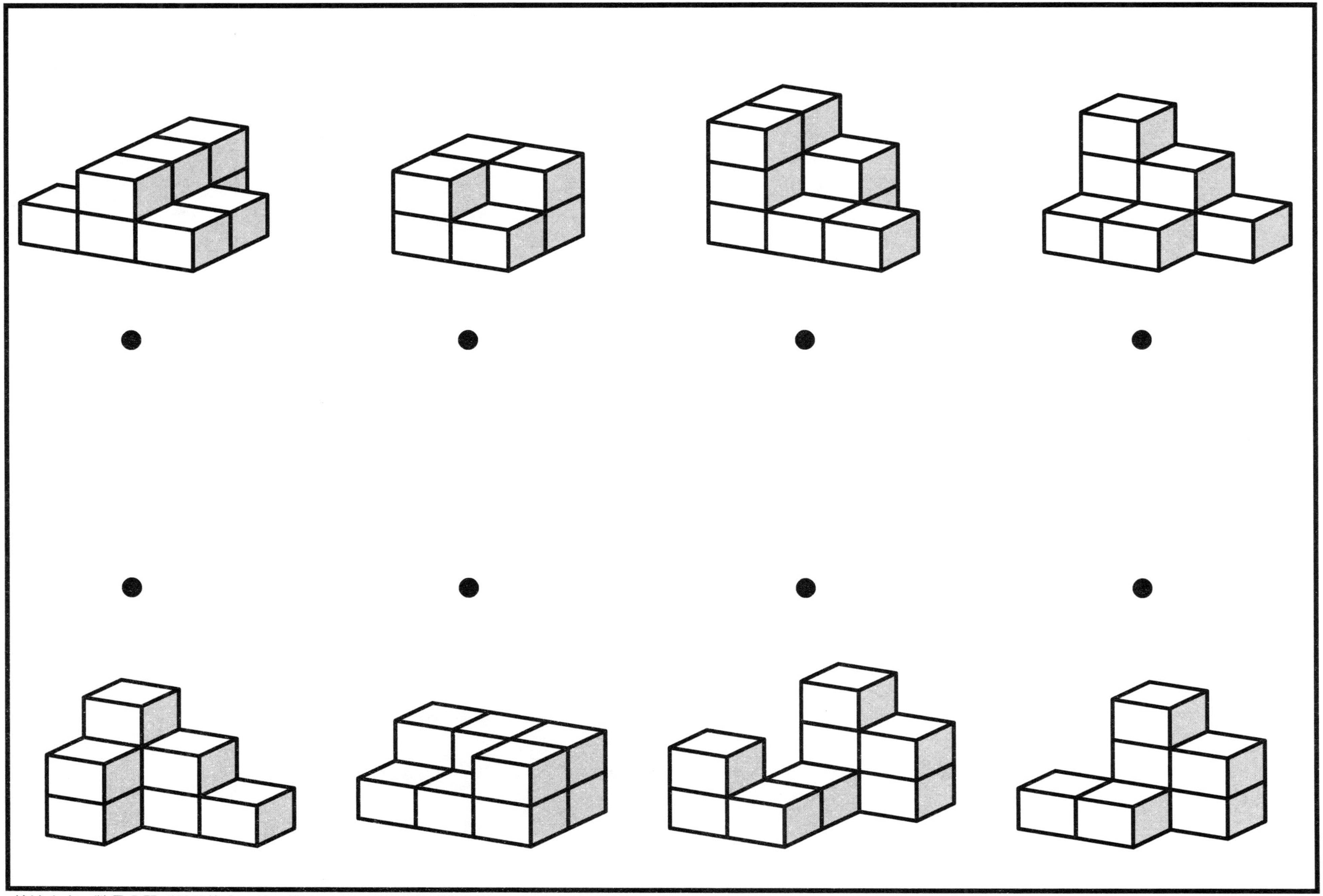

問題9－1

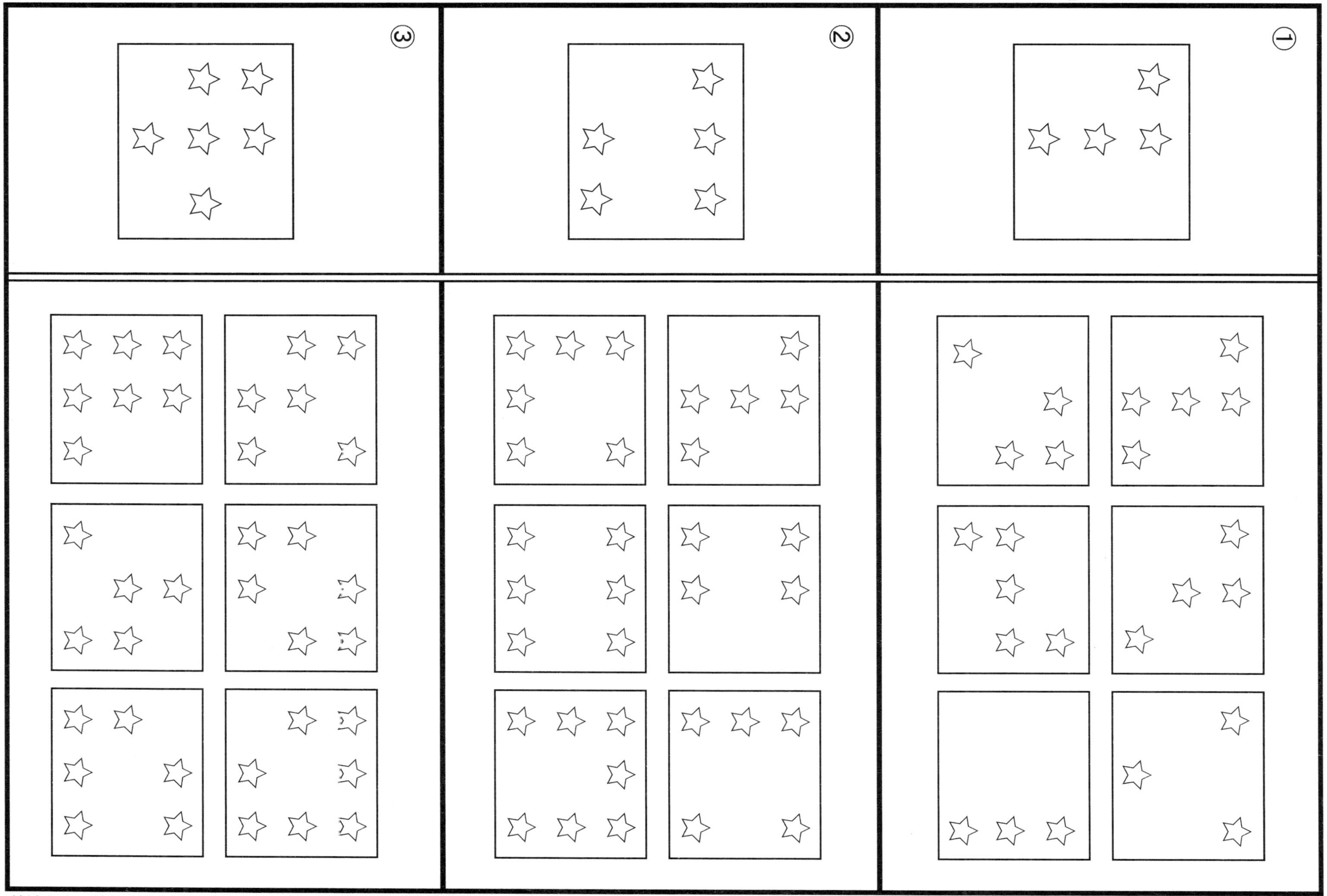

   日本学習図書株式会社

④

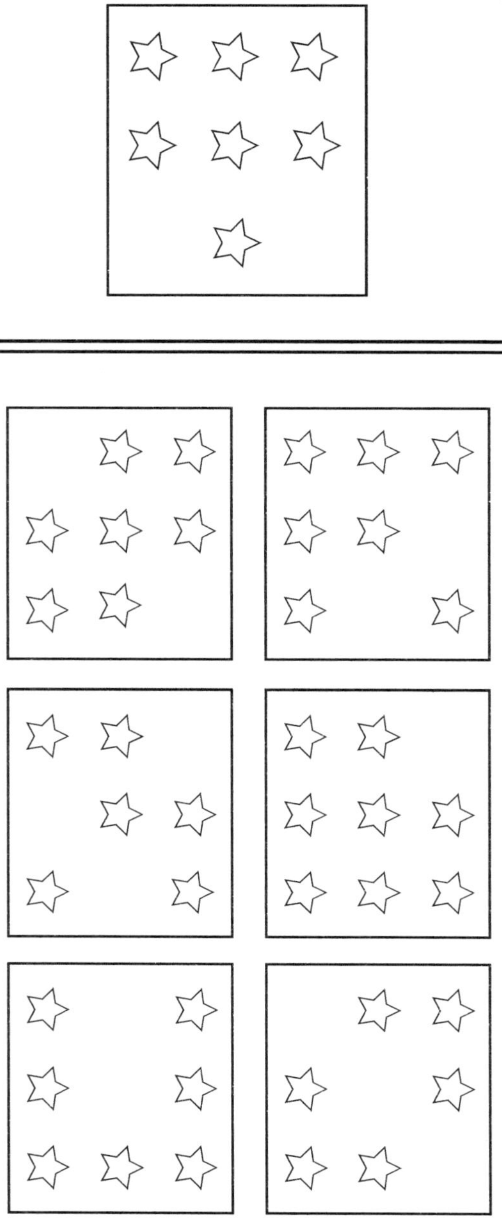

⑤

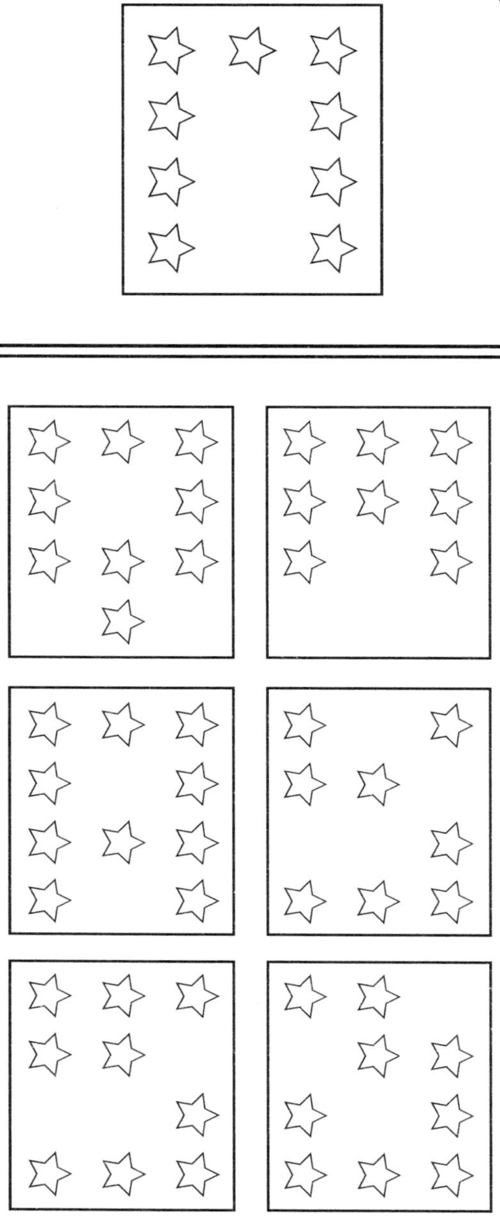

⑥

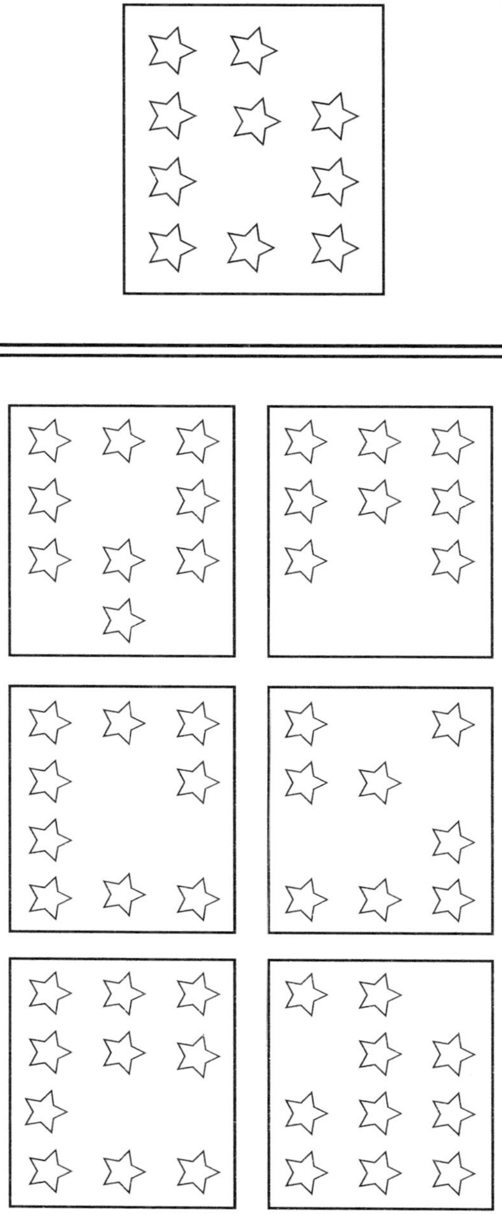

筑波大小　数量分野別問題集① 数の構成・比較編　無断複製／転載を禁ずる　日本学習図書株式会社

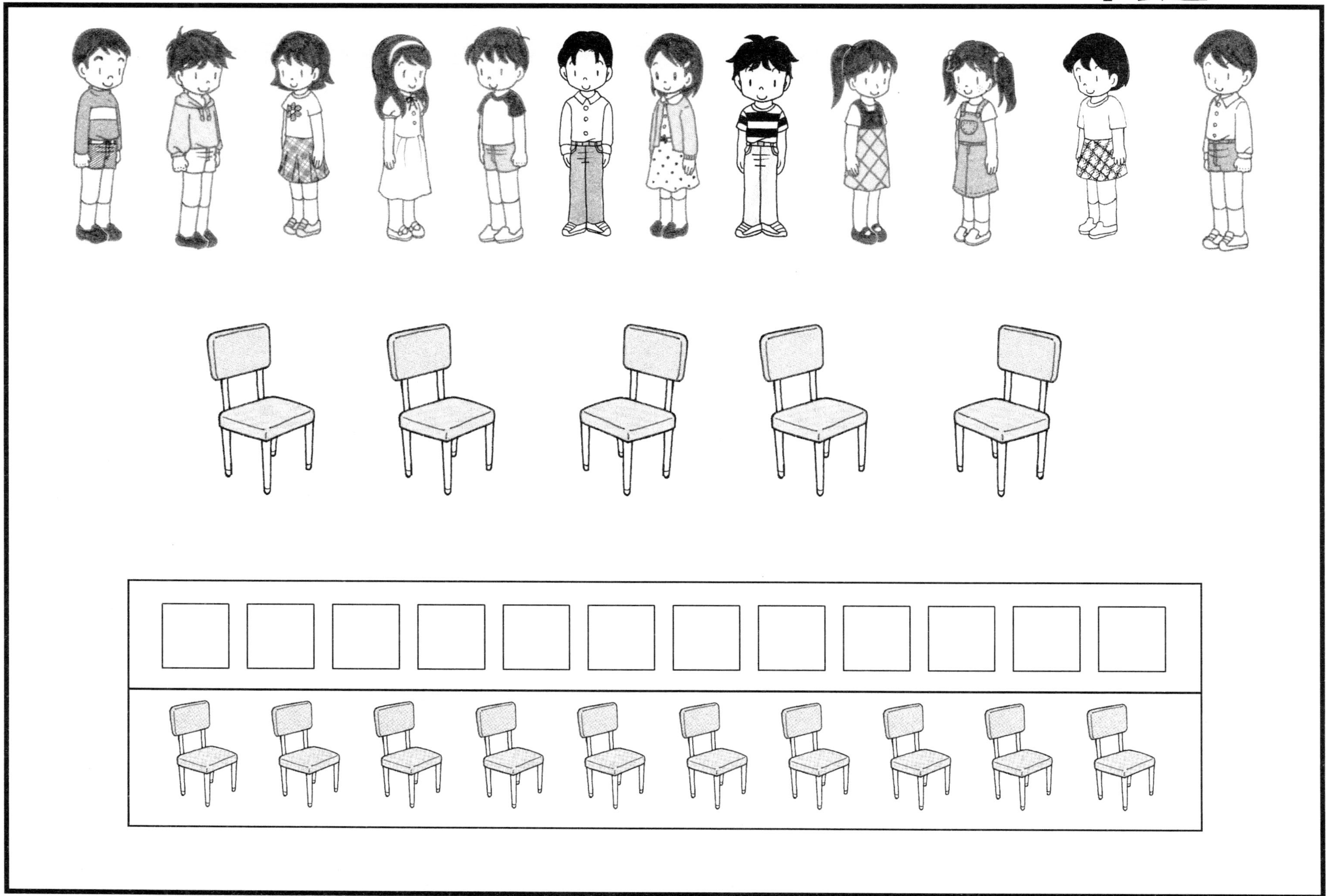

日本学習図書株式会社

筑波大小　数量分野別問題集① 数の構成・比較編　無断複製／転載を禁ずる

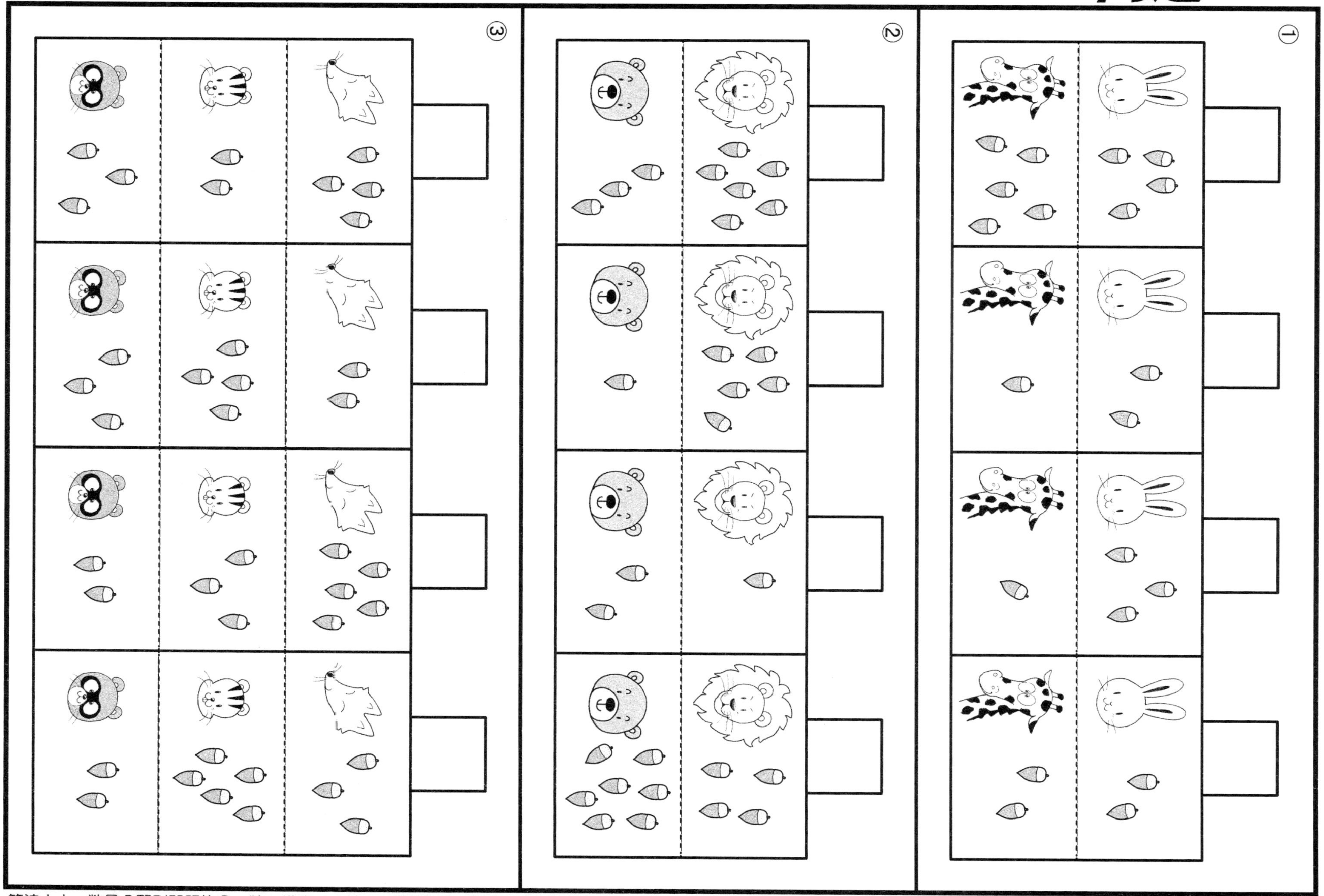

問題１２

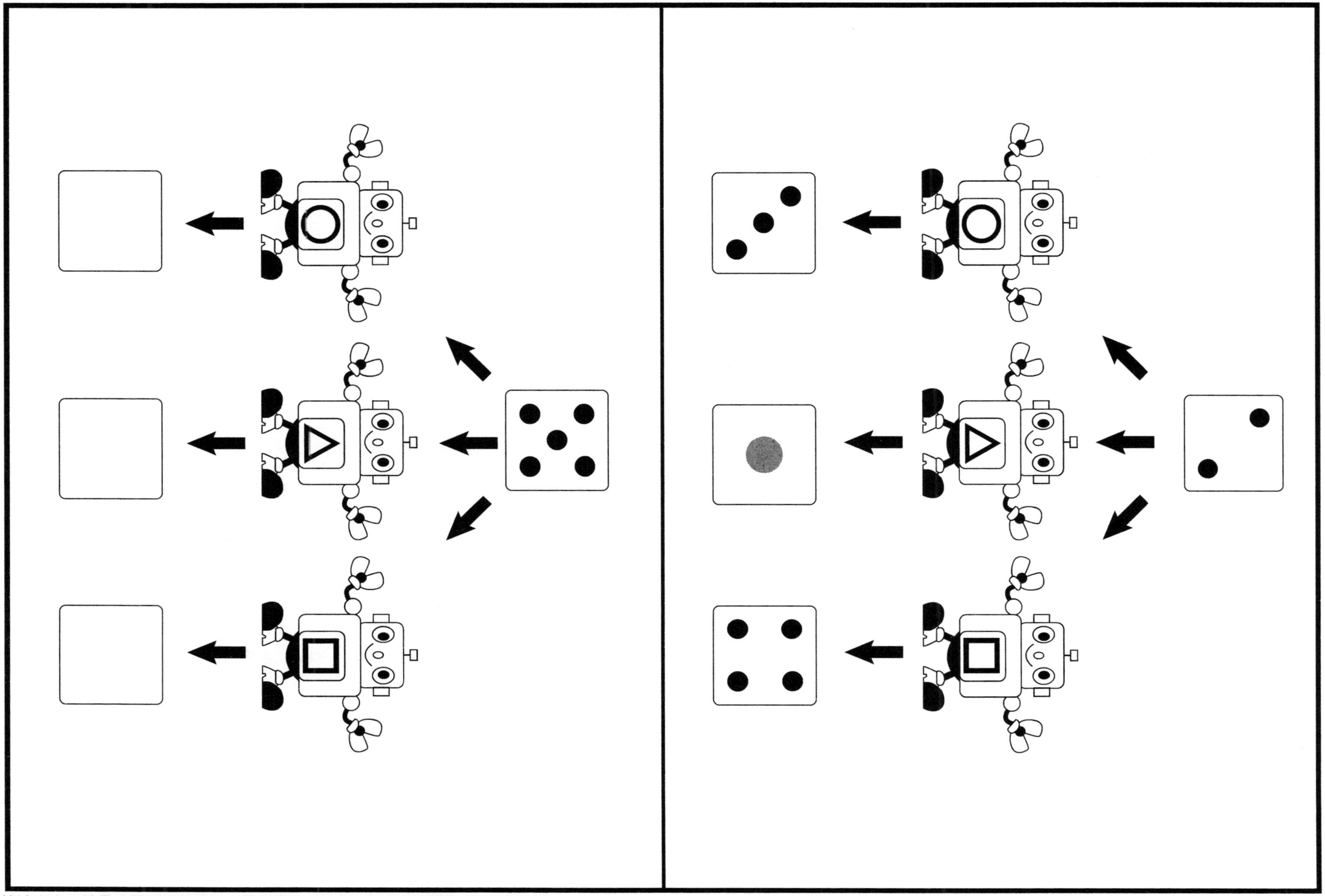

問題12

問題１３

①

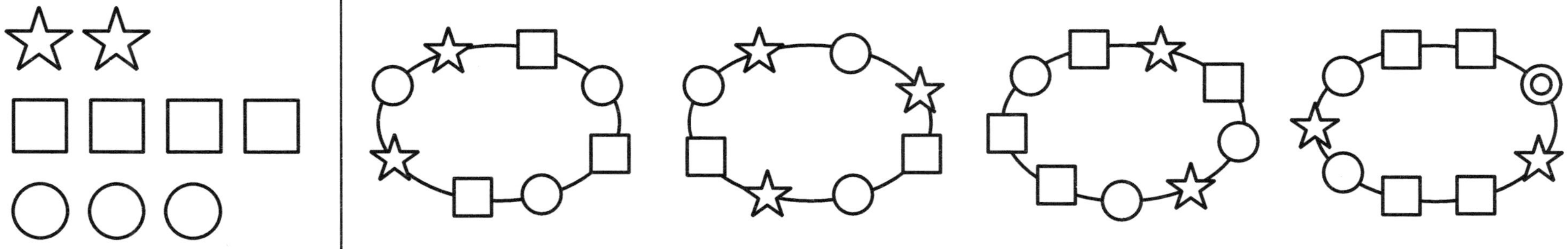

②

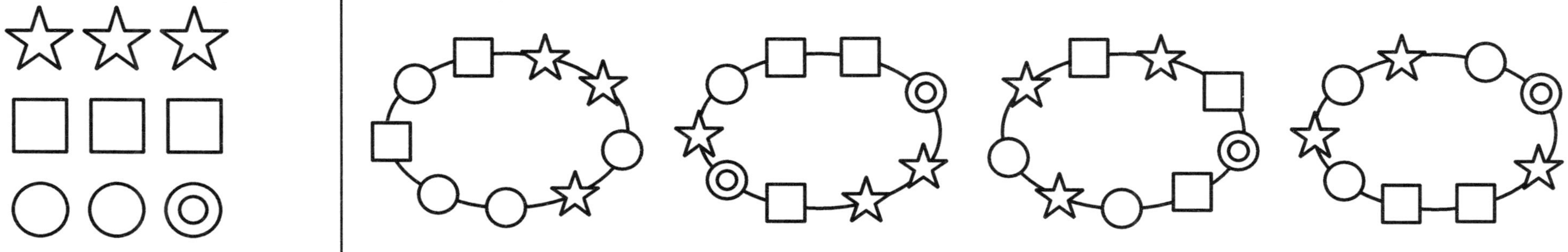

③

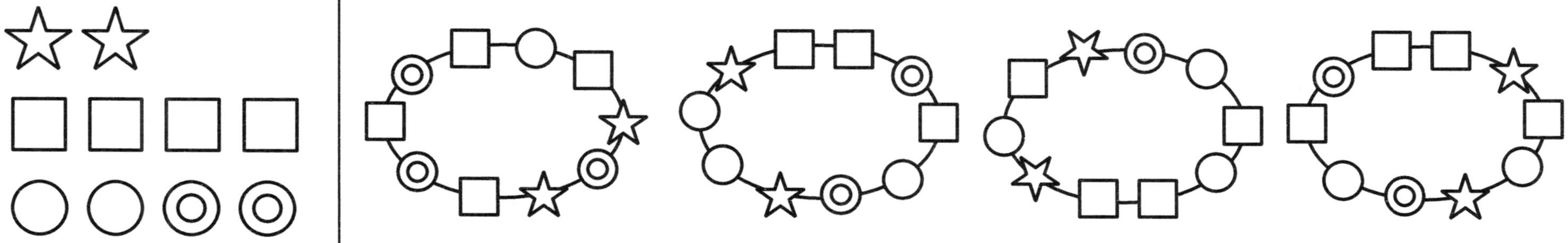

　　　日本学習図書株式会社

問題14－1

①

②

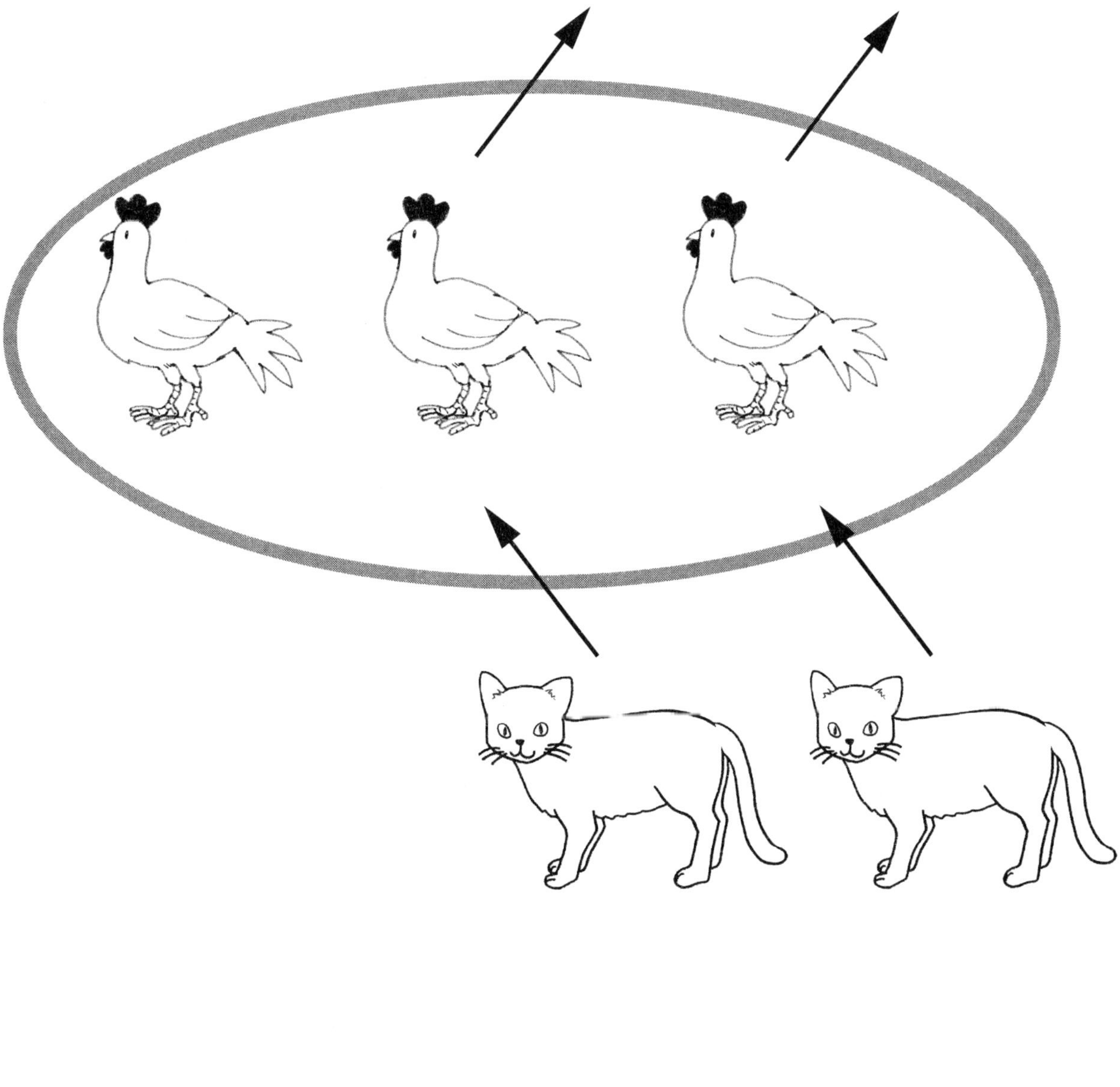

問題１４－２

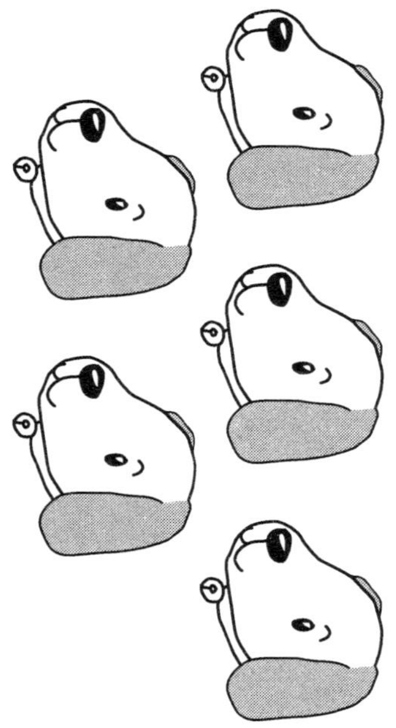

③

　　　日本学習図書株式会社

問題15－1

①

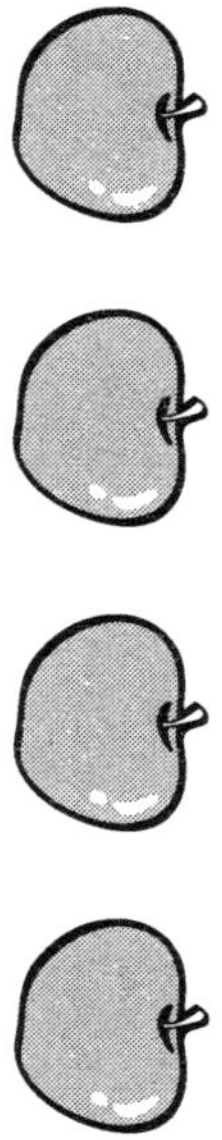

②

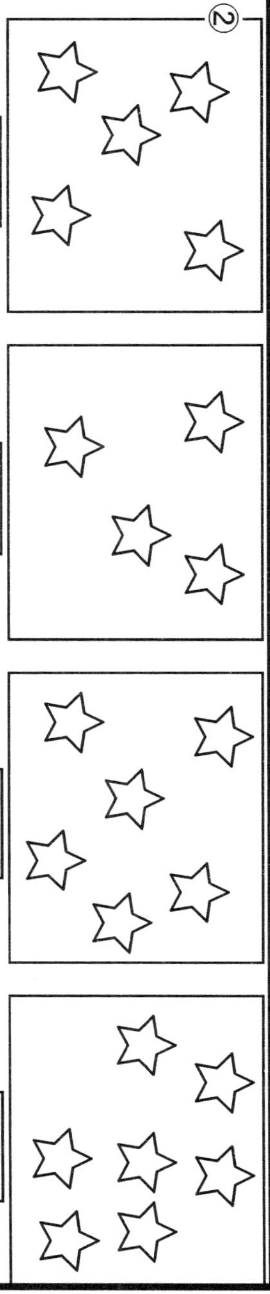

③

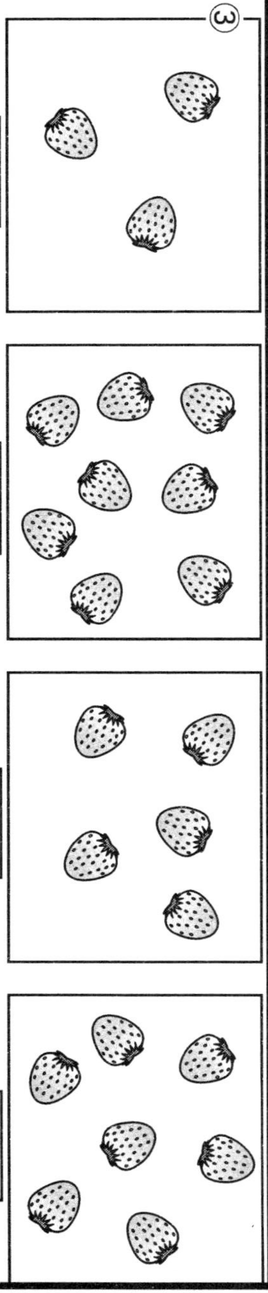

④

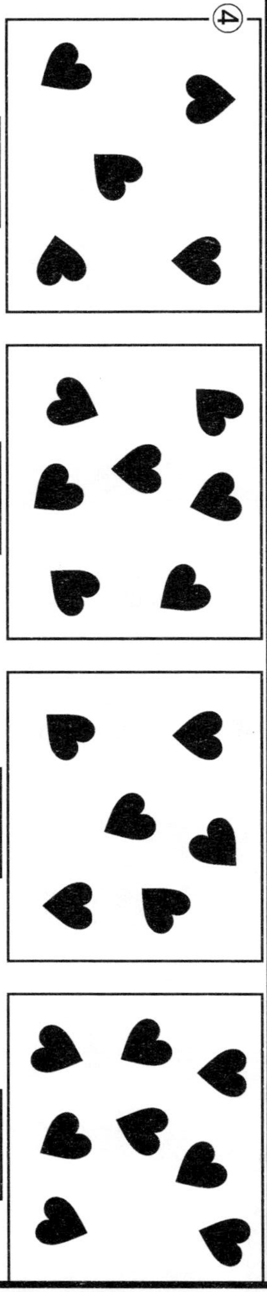

⑤

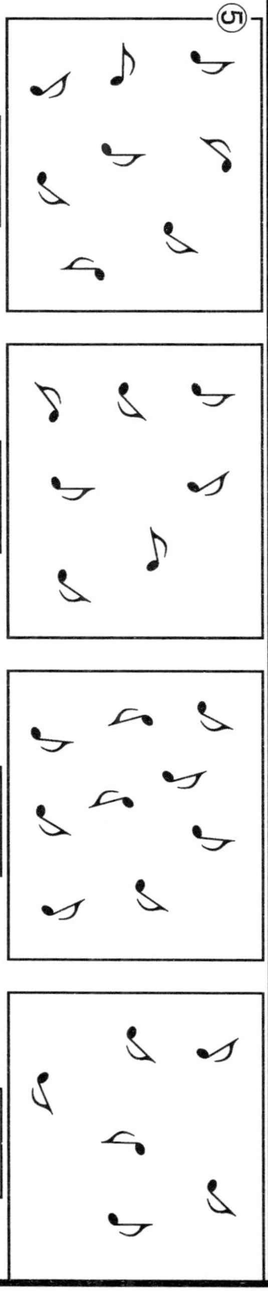

　

日本学習図書株式会社

問題１５－２

⑥

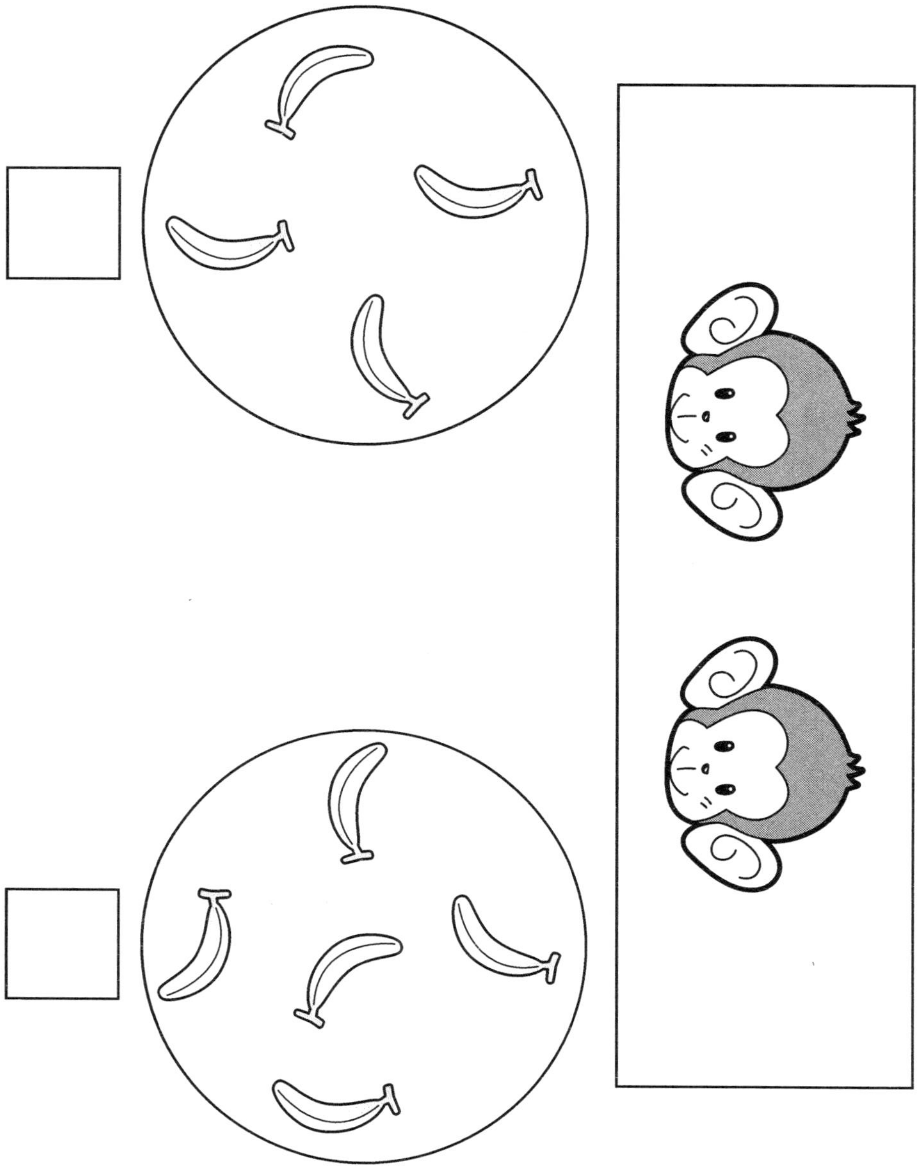

⑦

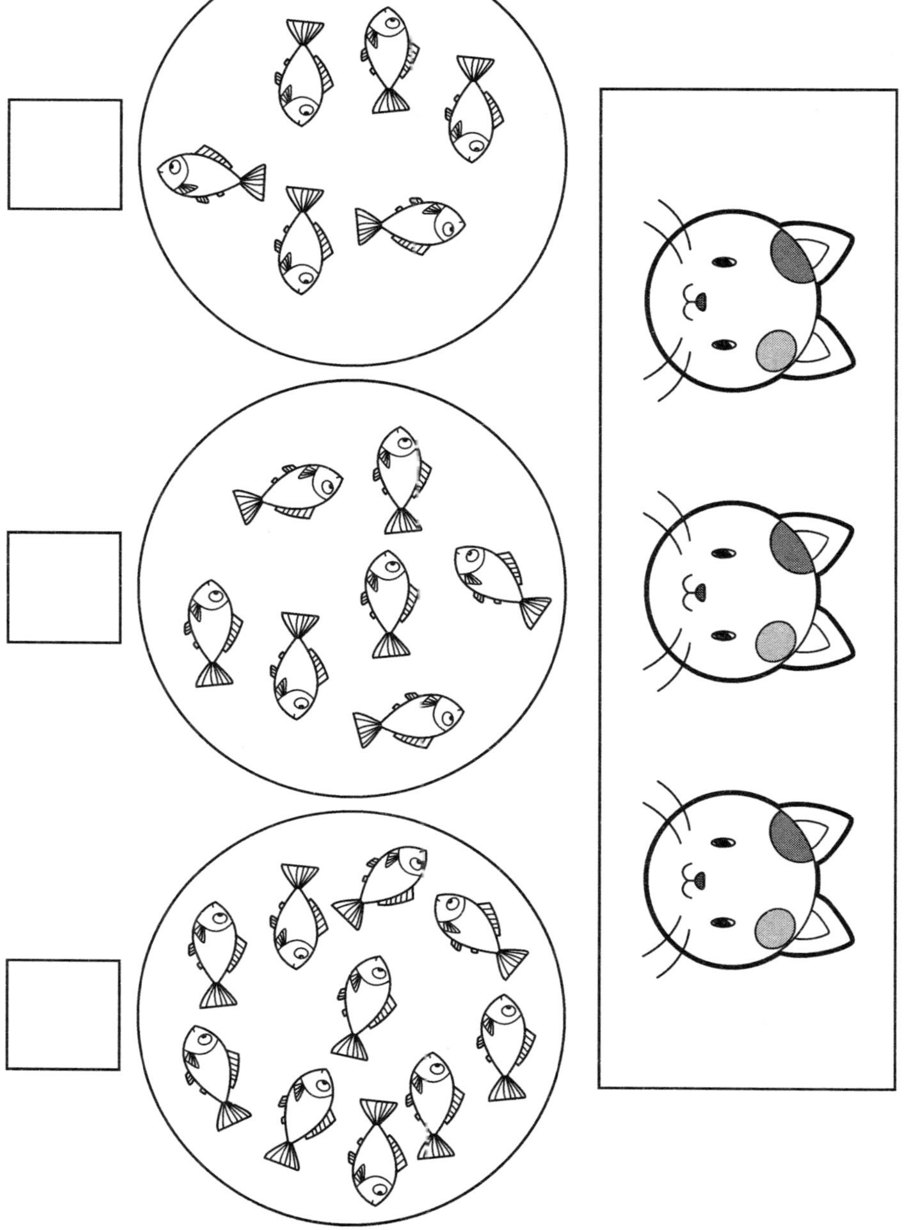

　

問題１６

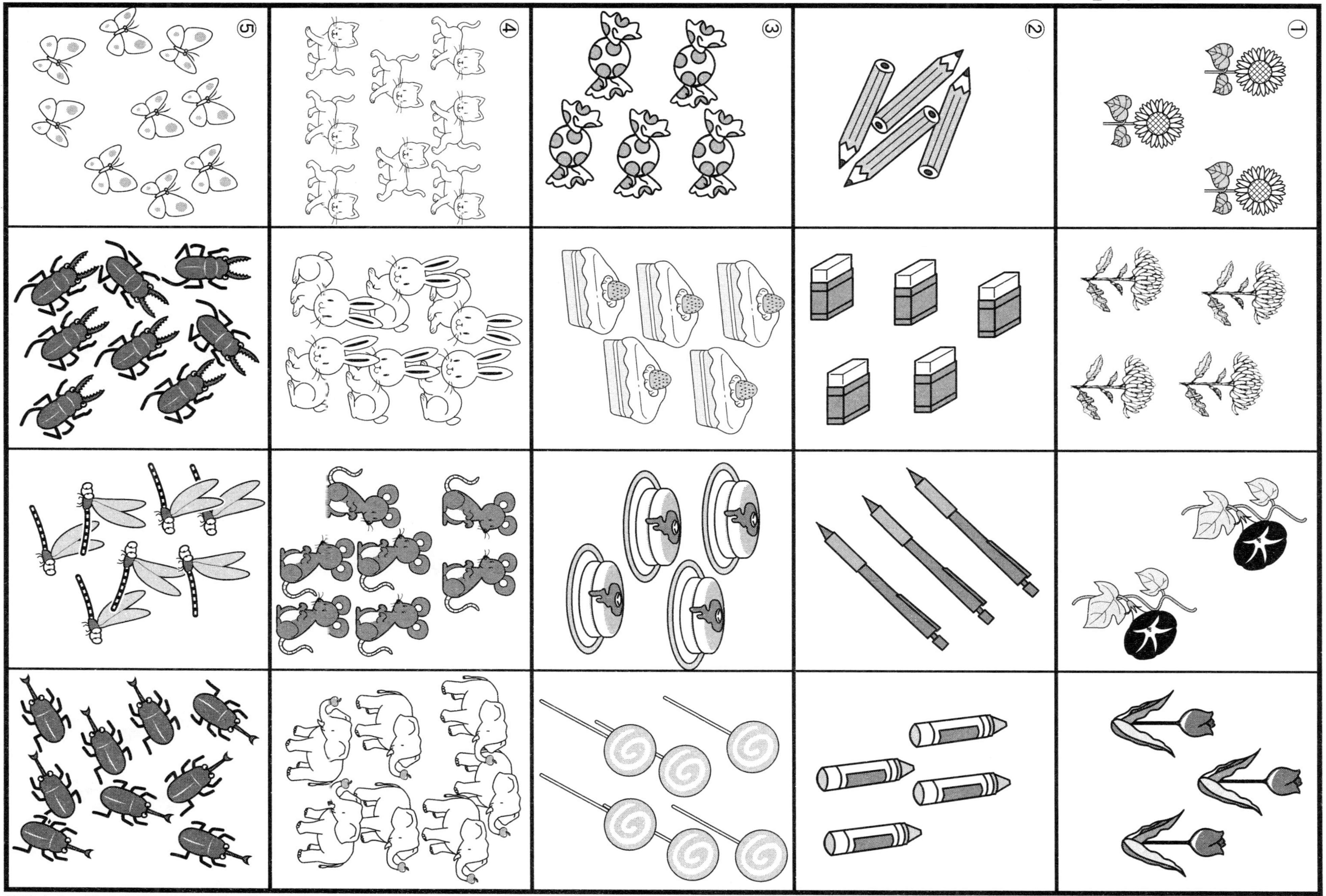

   日本学習図書株式会社

問題17−1

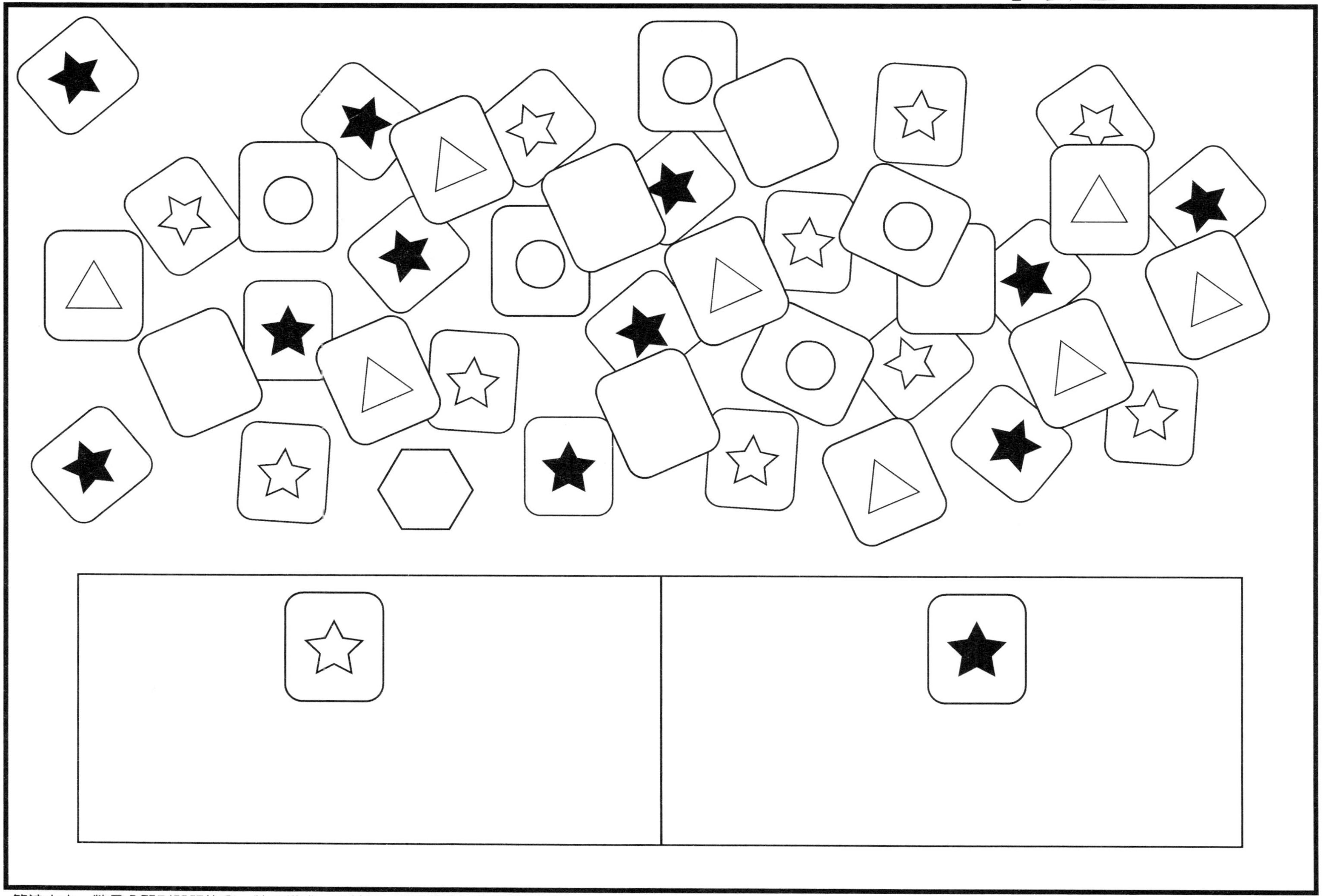

問題17-1

問題１７－２

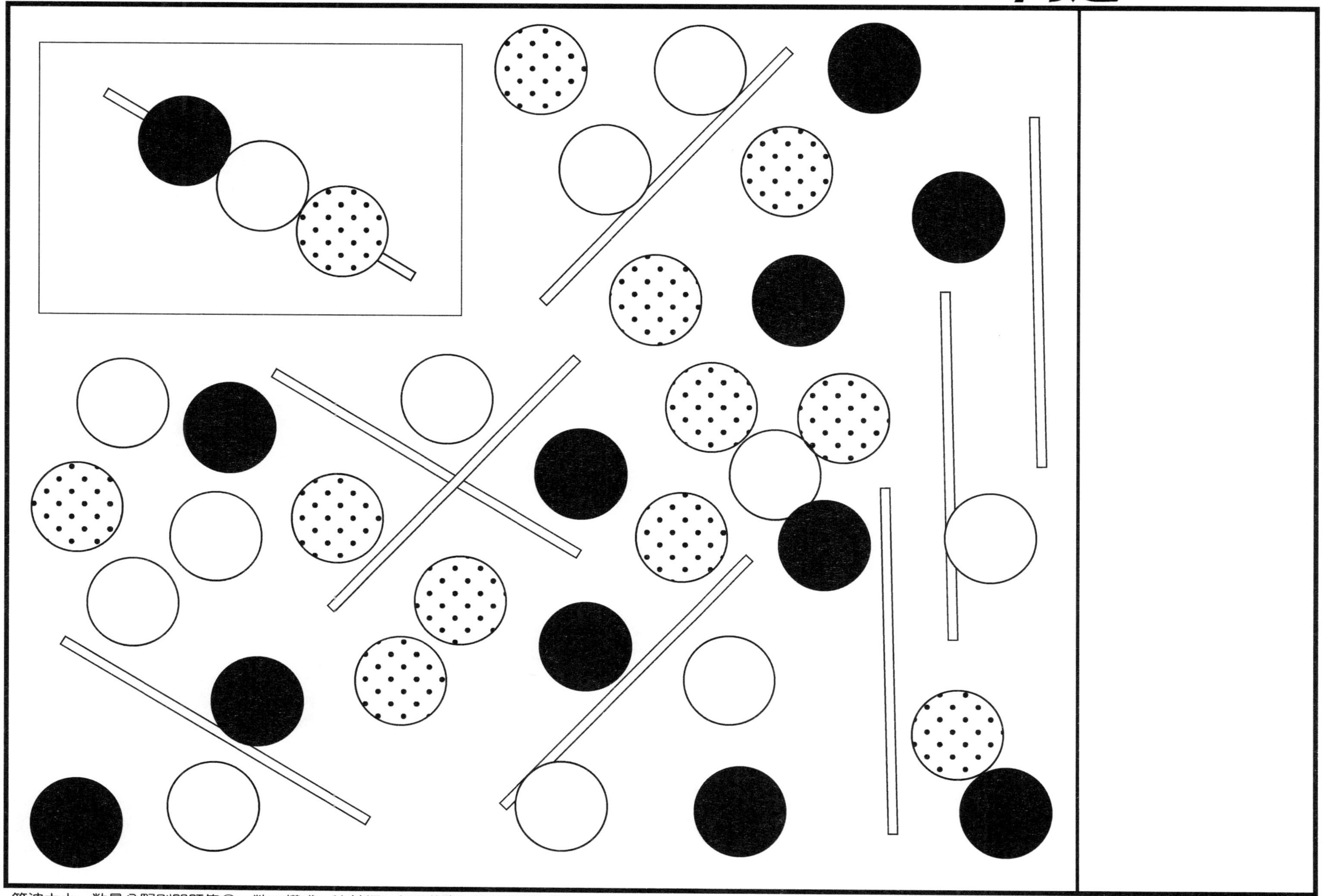

　

日本学習図書株式会社

問題１８

①

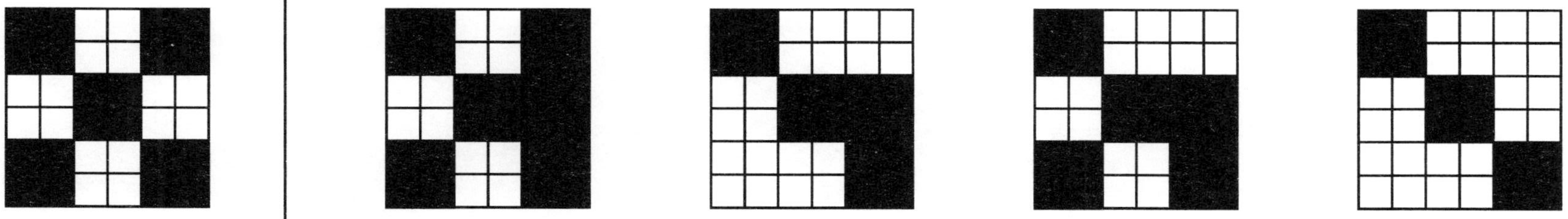

②

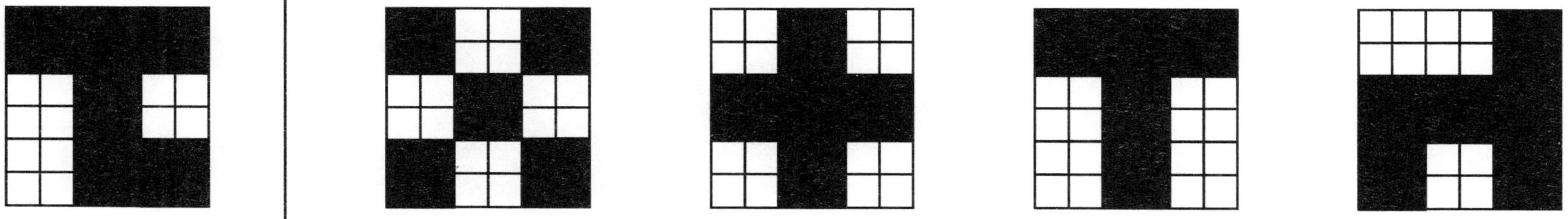

③

④

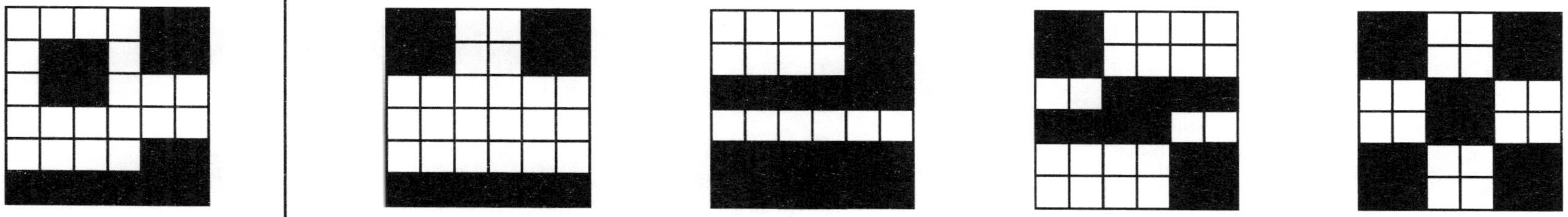

　

問題１９

①

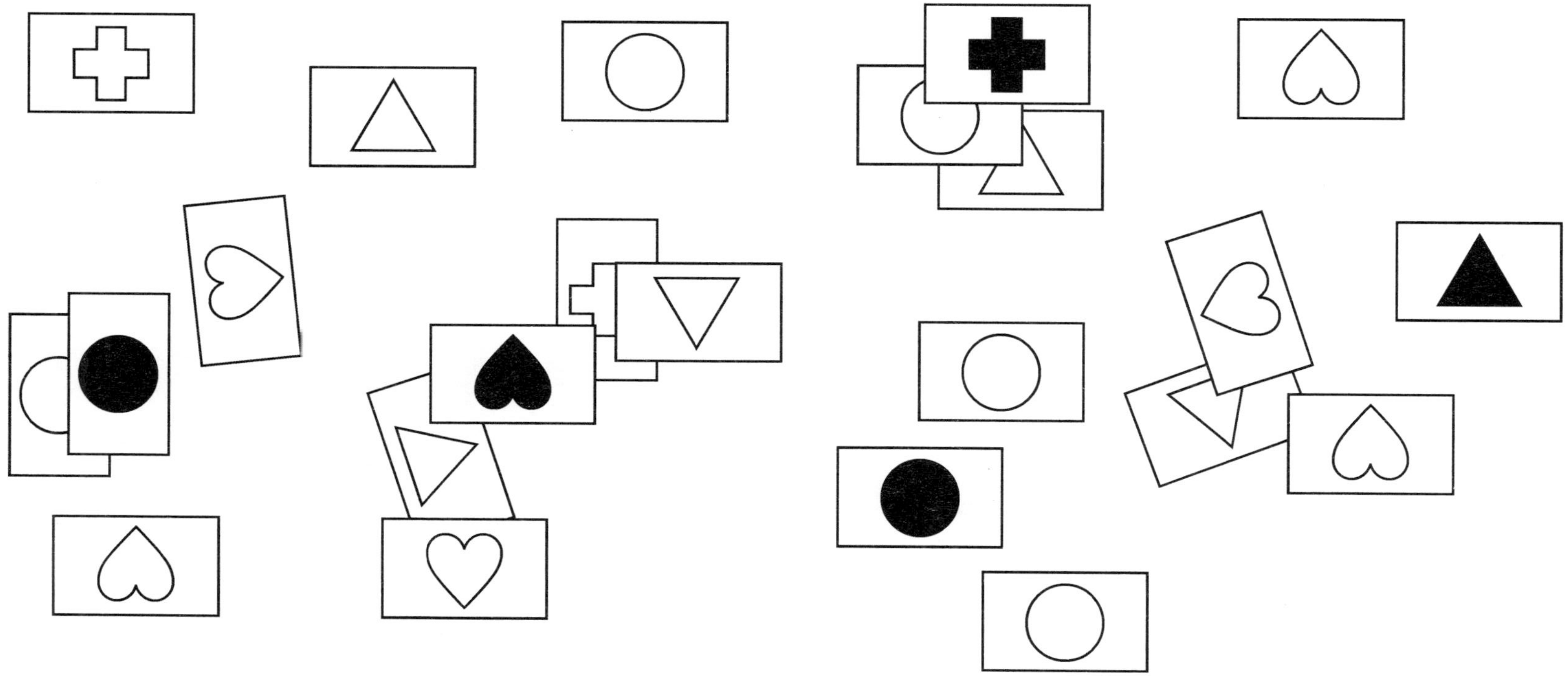

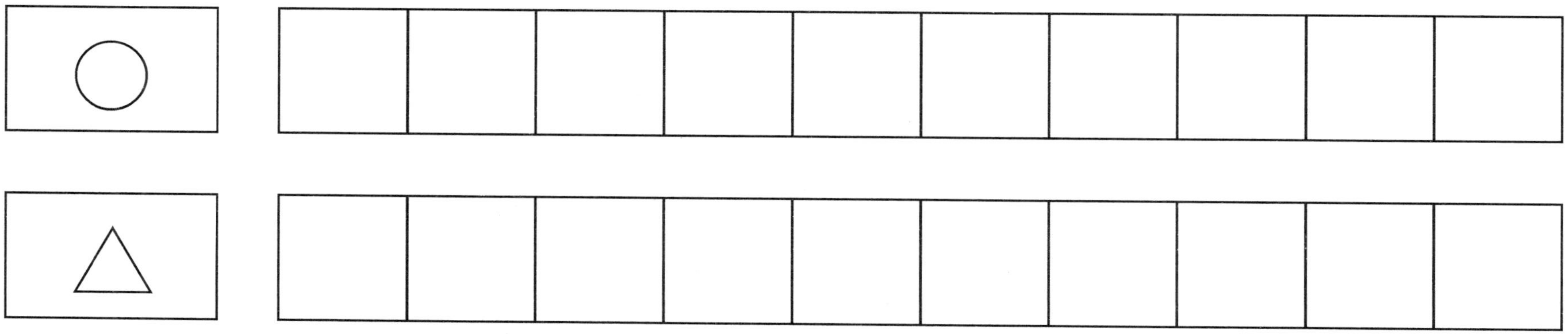

問題19

③

④

日本学習図書株式会社

筑波大小　数量分野別問題集① 数の構成・比較編　無断複製／転載を禁ずる

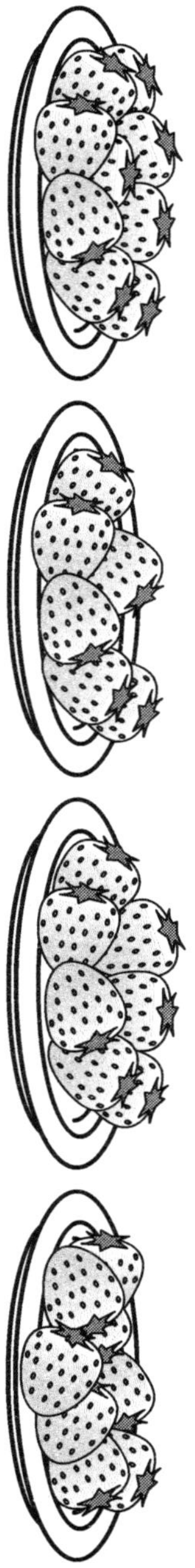

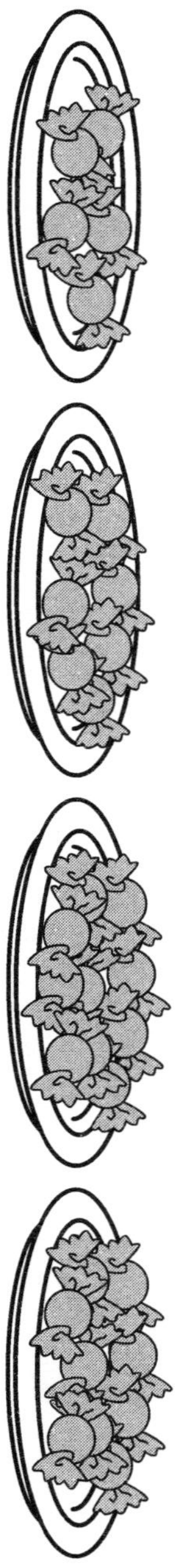

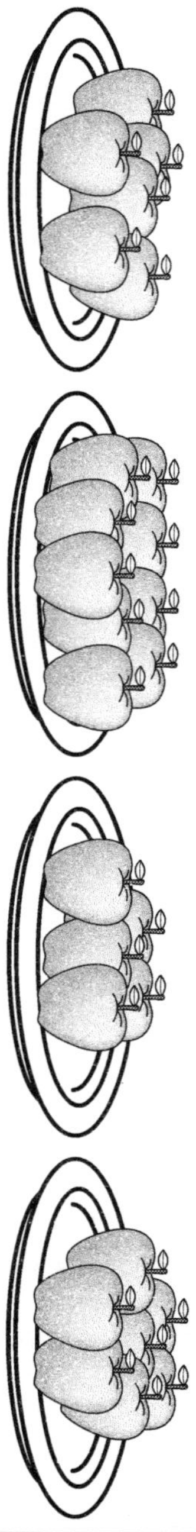

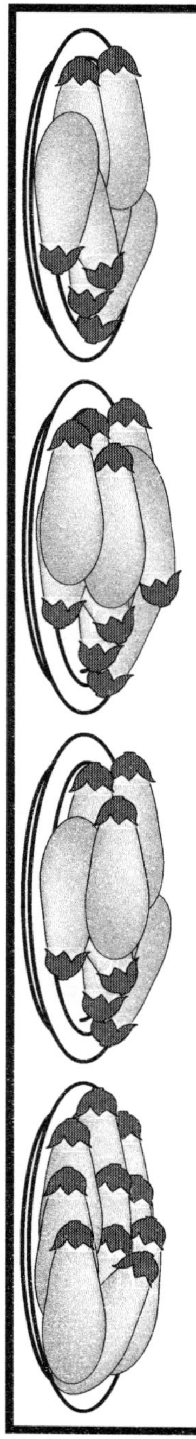

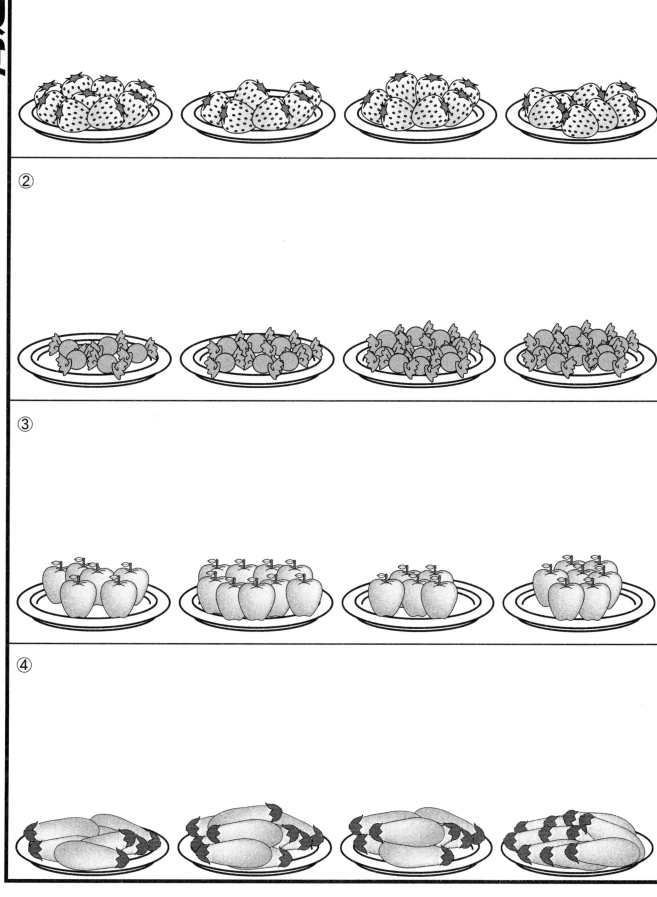

問題２１

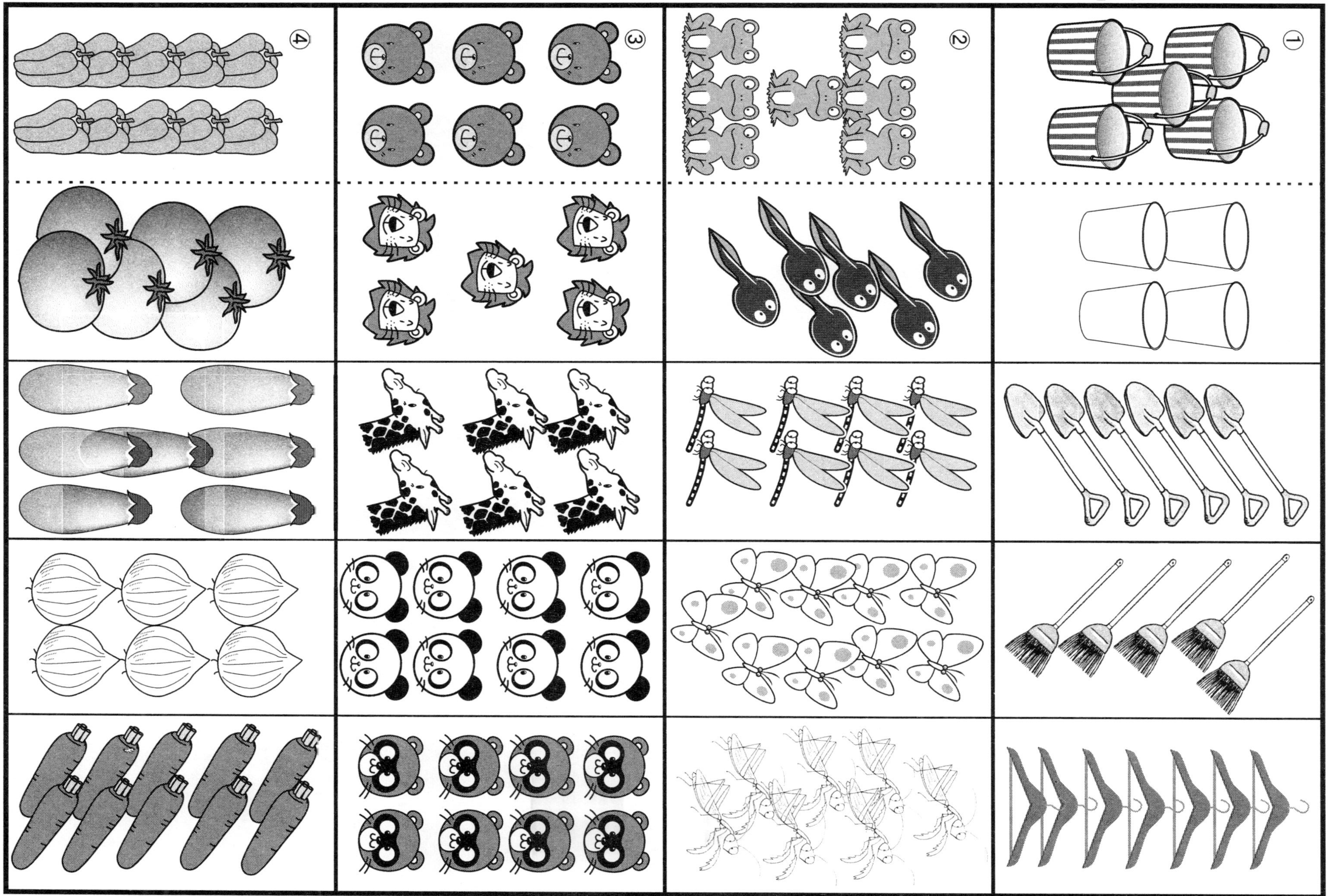

 　

問題２２

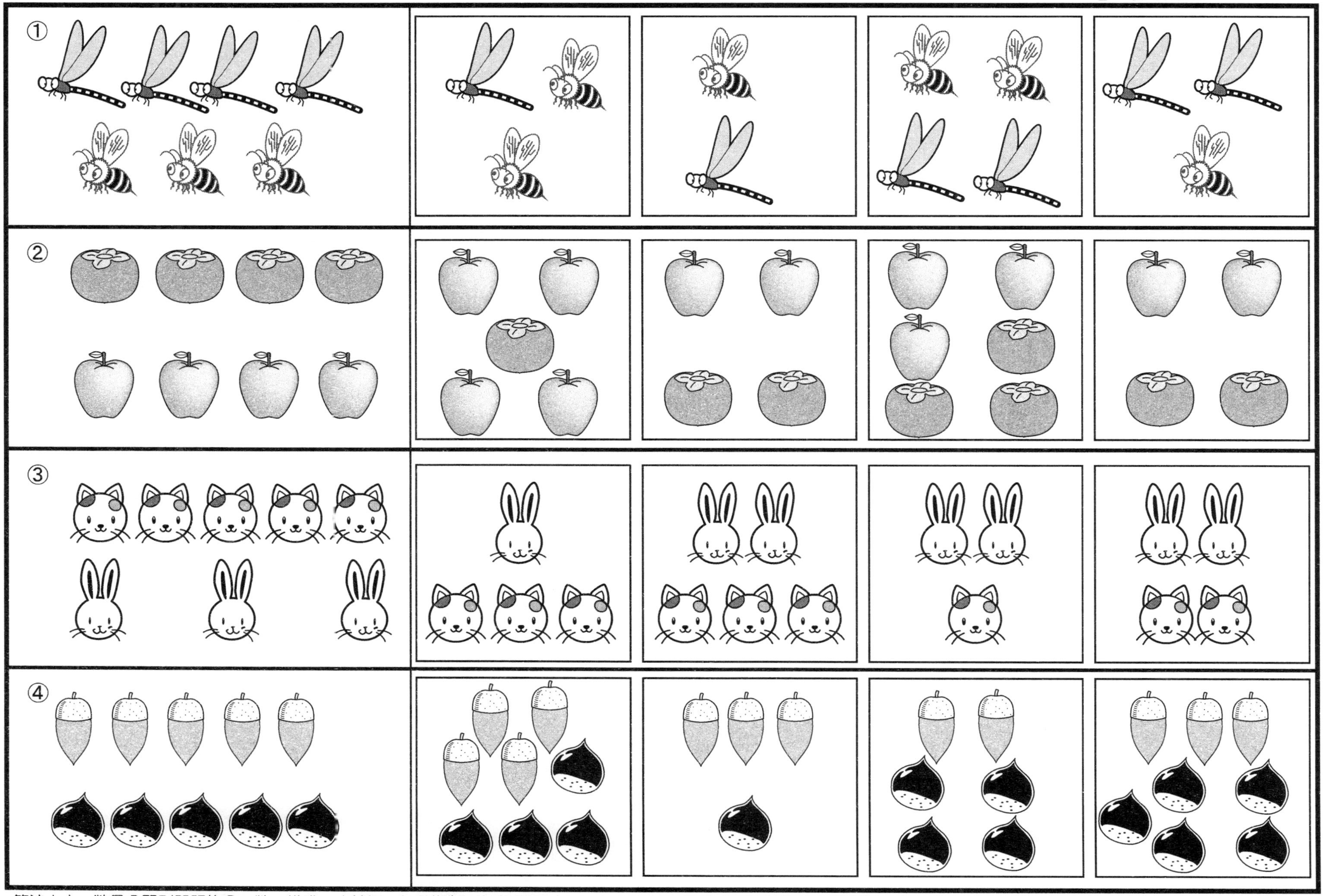

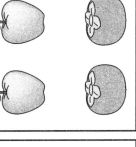

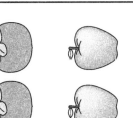

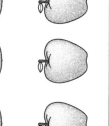

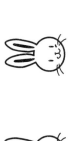

③

④

日本学習図書株式会社

筑波大小　数量分野別問題集① 数の構成・比較編　無断複製／転載を禁ずる

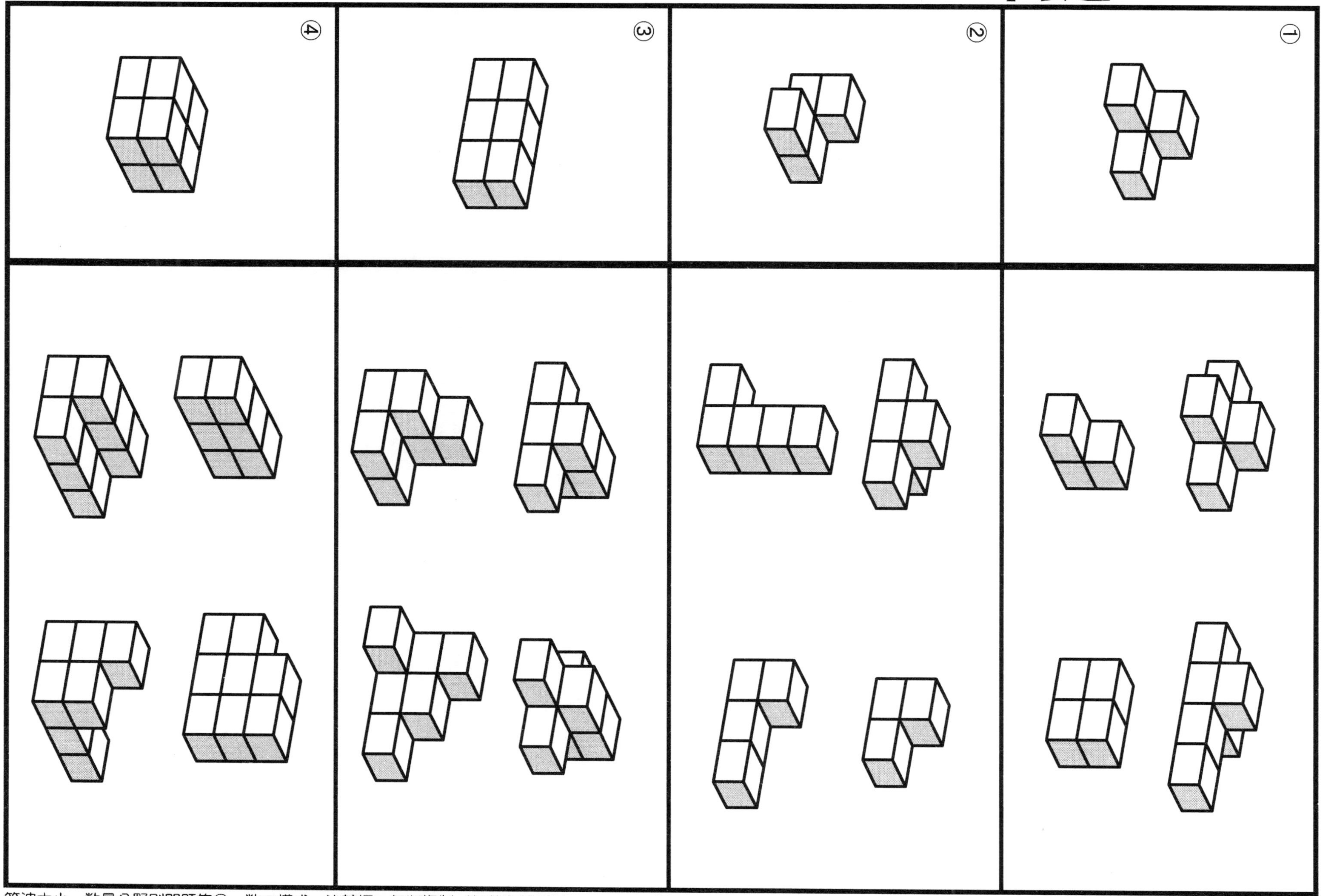

問題 2 3 - 2

⑤
⑥
⑦

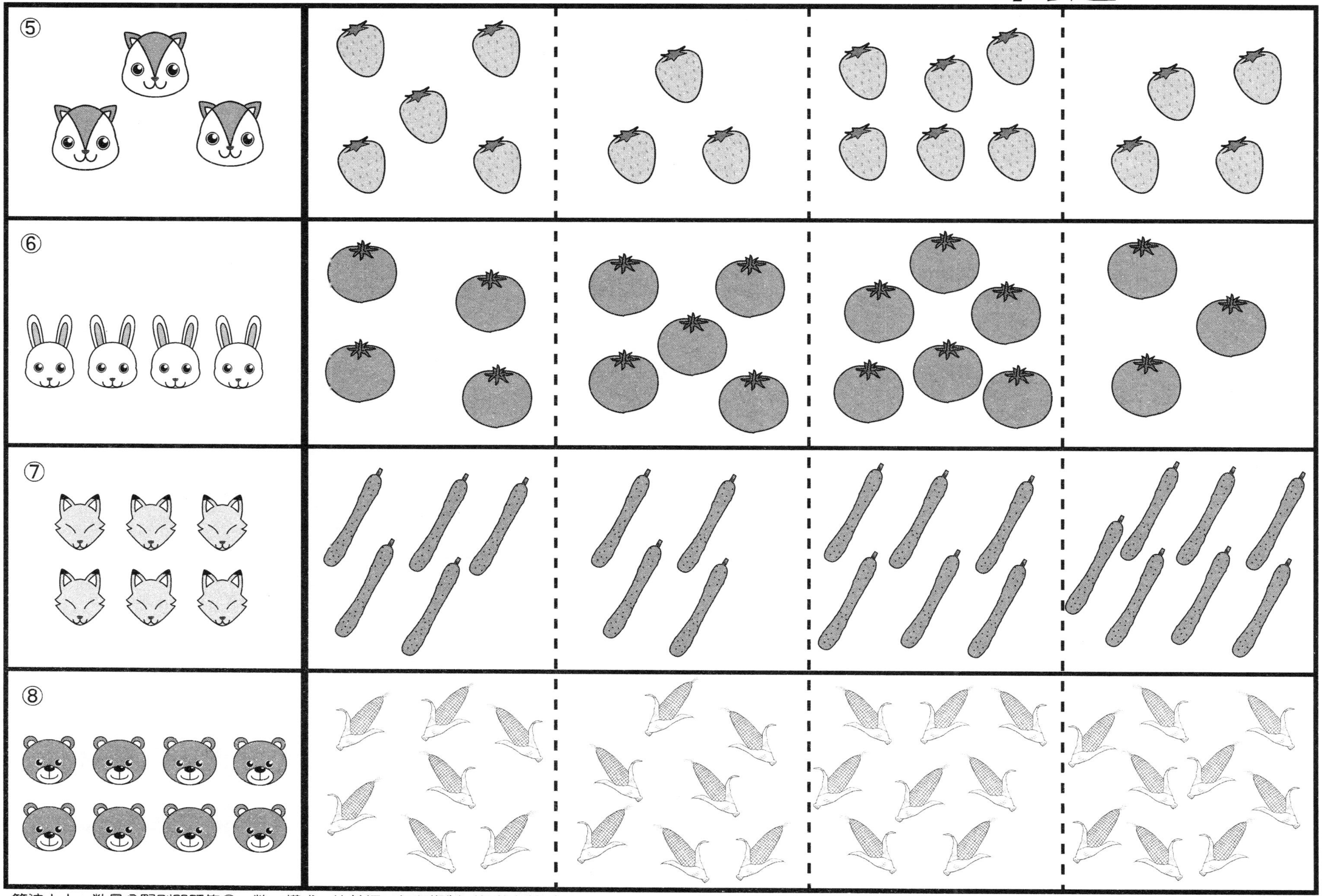

問題２４

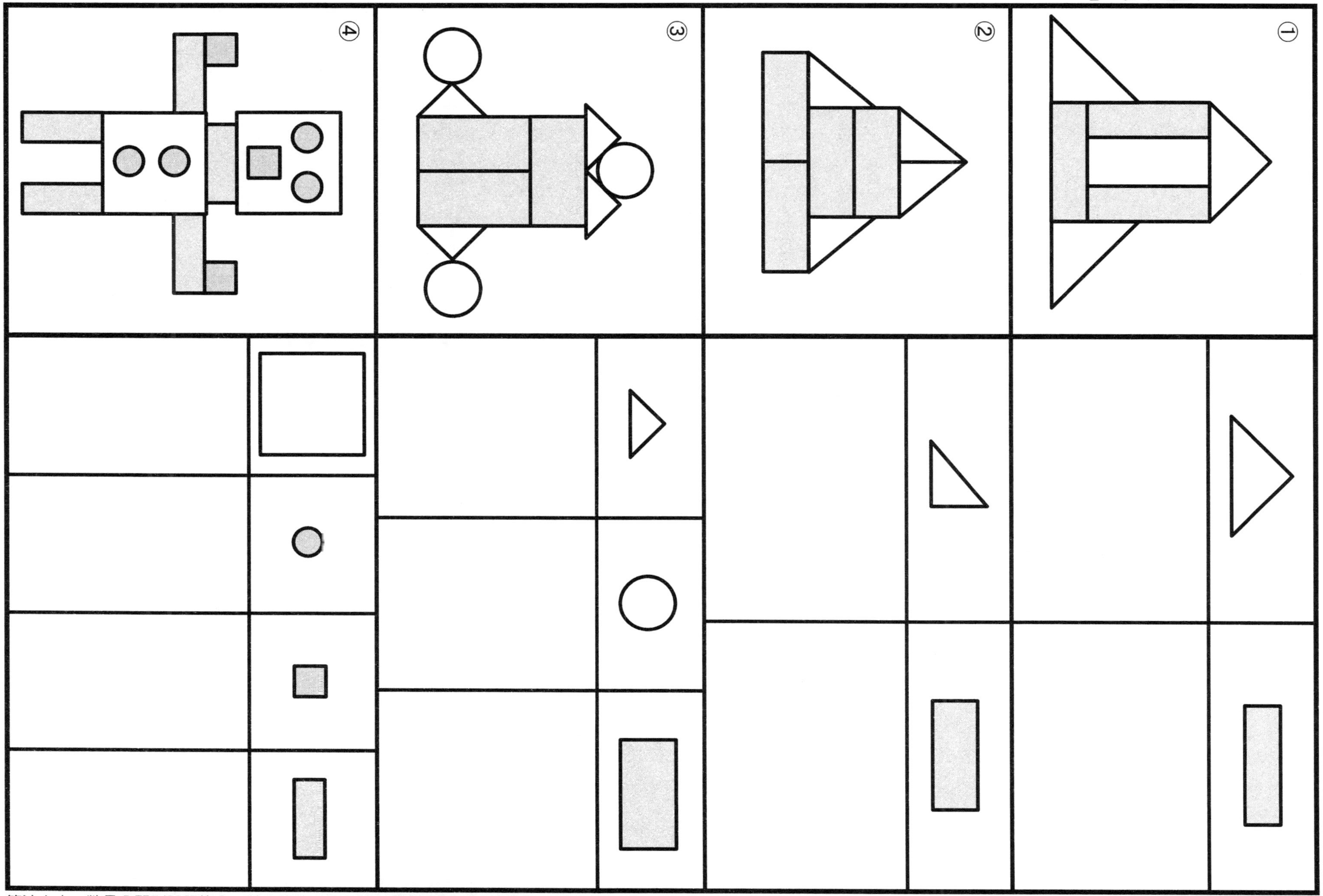

　　日本学習図書株式会社

問題25

①

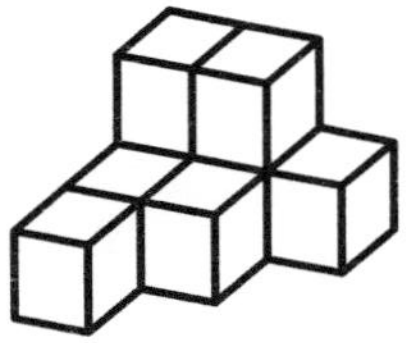
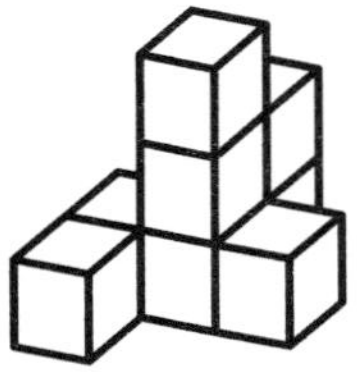
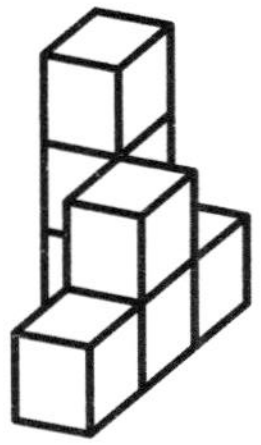
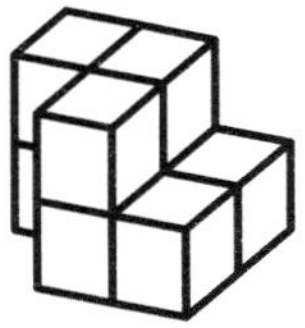

②

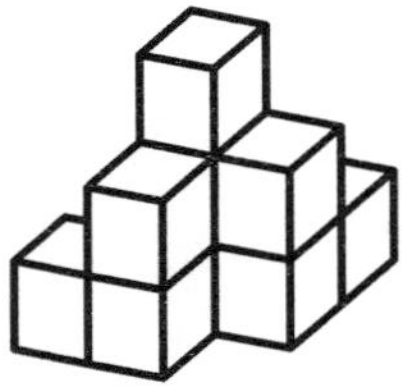
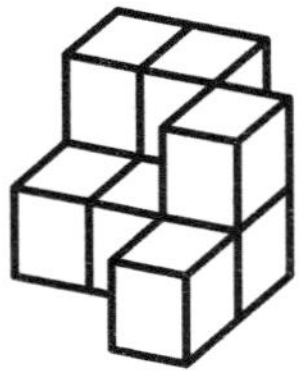
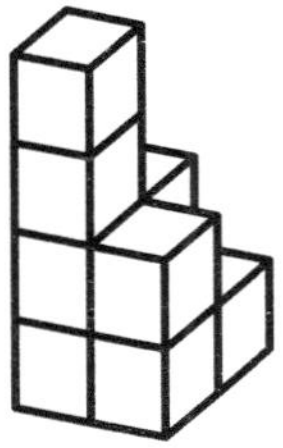
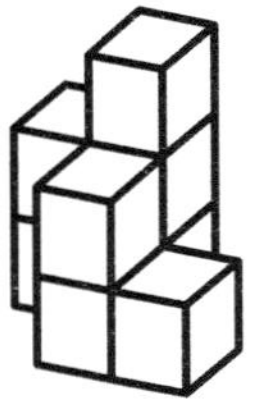

③

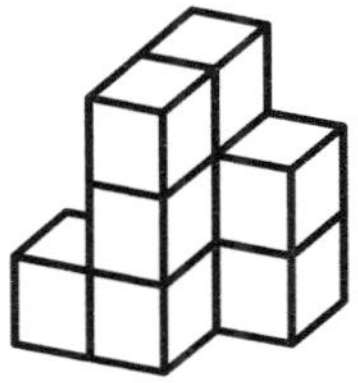
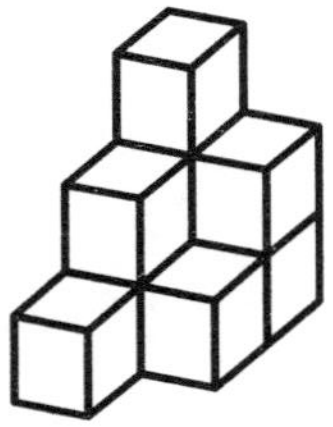

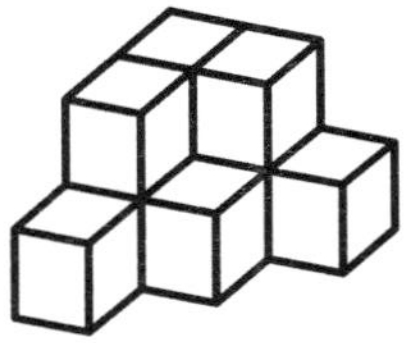
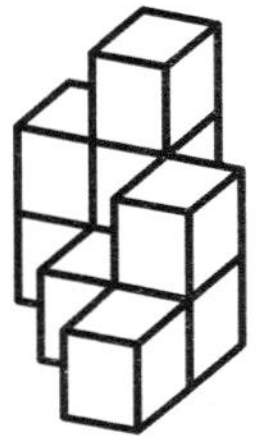

④

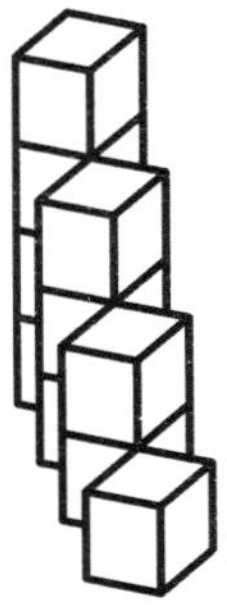
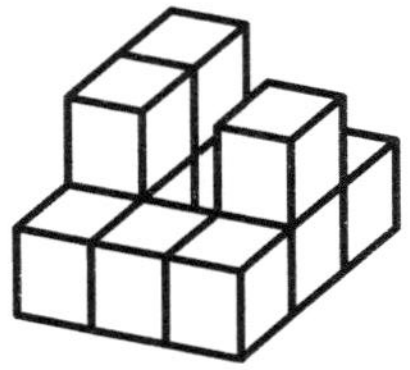

問題２６

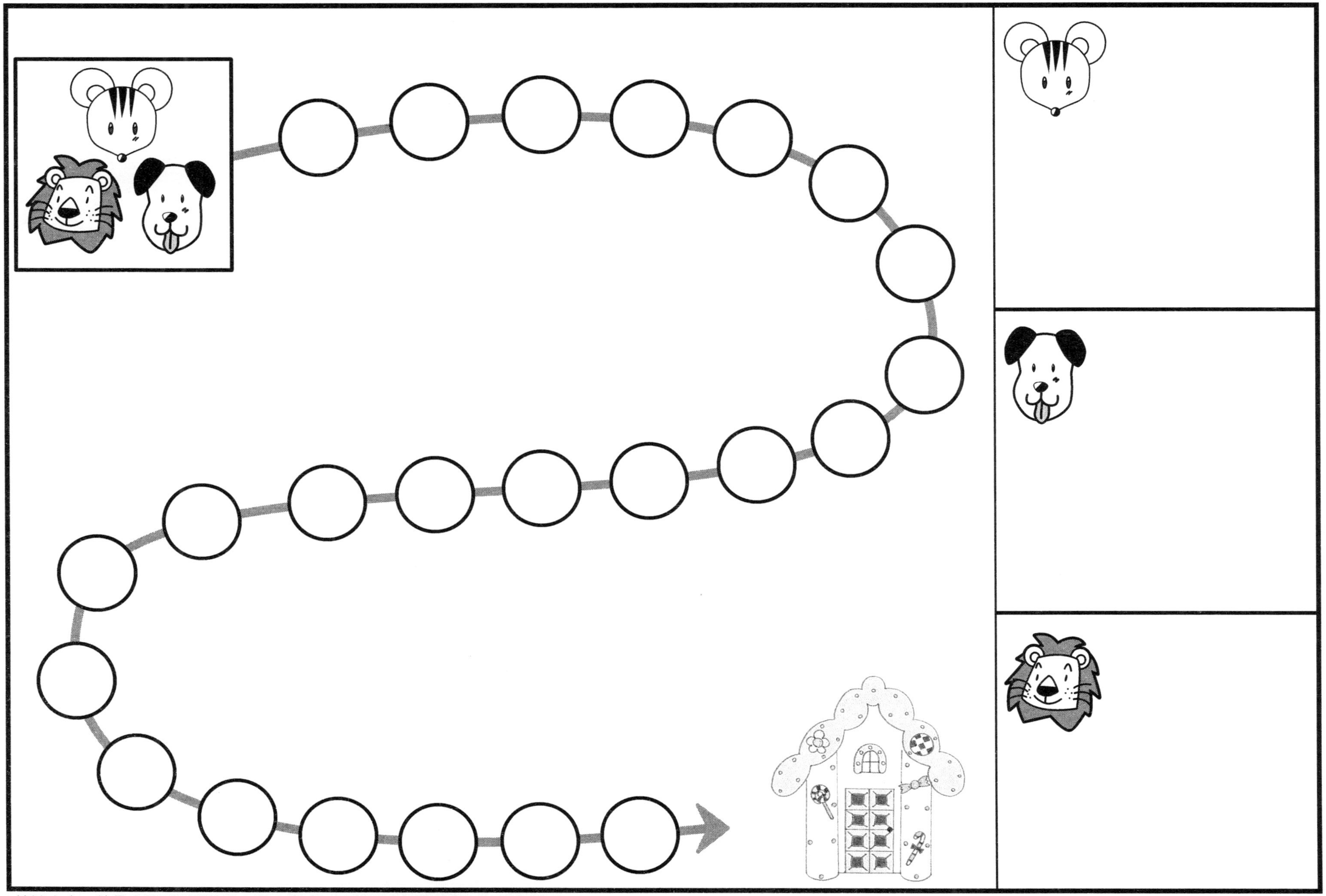

日本学習図書株式会社

問題２７

①	②

問題２８

①

②

③

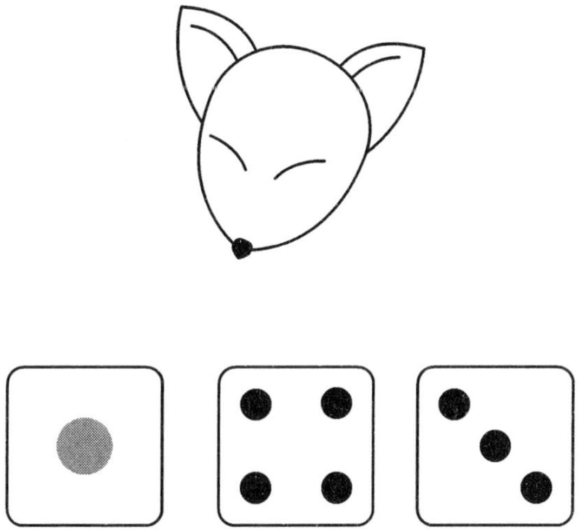

日本学習図書株式会社

日本学習図書株式会社

無断複製／転載を禁ずる

筑波大小　数量分野別問題集①　数の構成・比較編

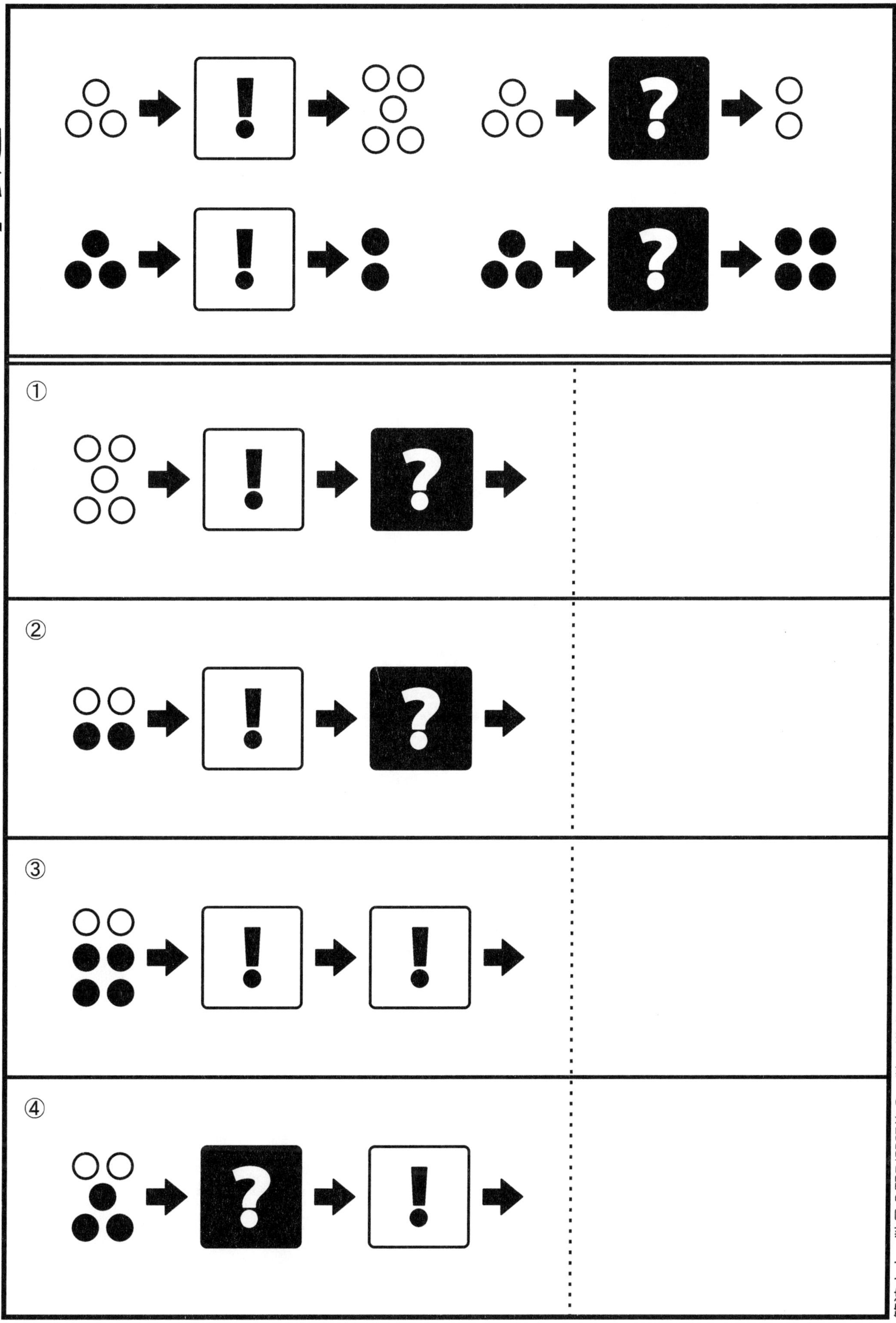

問題３０－１

①

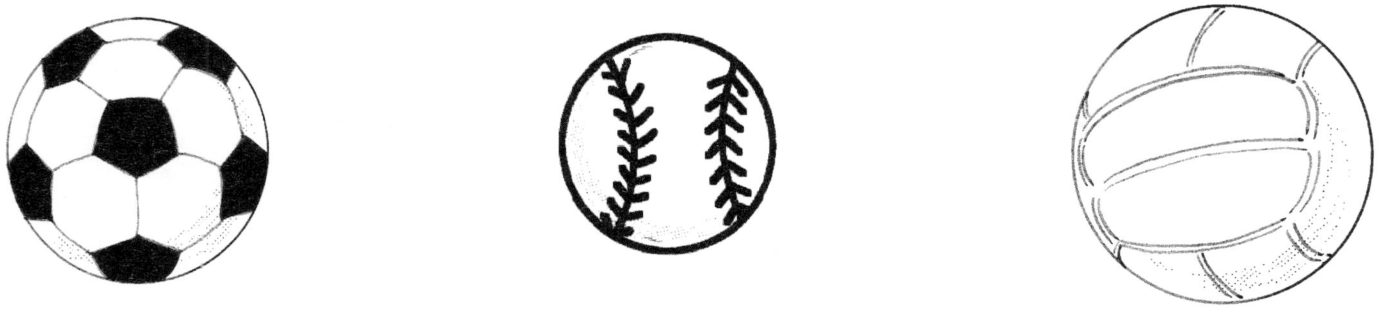

②

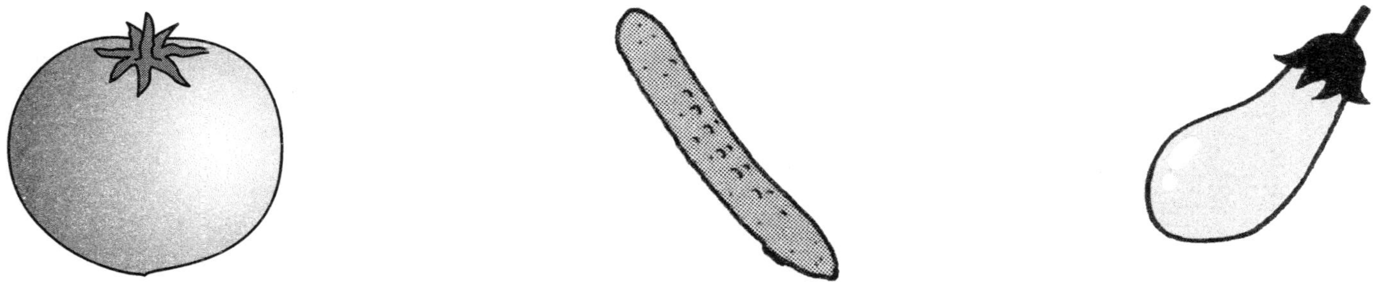

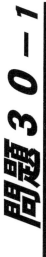

問題３０－２

③

④

⑤

分野別 小学入試練習帳 ジュニアウォッチャー

1．点・線図形	小学校入試で出題頻度の高い『点・線図形』の模写を、難易度の低いものから段階別に幅広く練習することができるように構成。
2．座標	図形の位置模写という作業を、難易度の低いものから段階別に練習できるように構成。
3．パズル	様々なパズルの問題を難易度の低いものから段階別に練習できるように構成。
4．同図形探し	小学校入試で出題頻度の高い、同図形選びの問題を繰り返し練習できるように構成。
5．回転・展開	図形などを回転、または展開したとき、形がどのように変化するかを学習し、理解を深められるように構成。
6．系列	数、図形などの様々な系列問題を、難易度の低いものから段階別に練習できるように構成。
7．迷路	迷路の問題を繰り返し練習できるように構成。
8．対称	対称に関する問題を４つのテーマに分類し、各テーマごとに問題を段階別に練習できるように構成。
9．合成	図形の合成に関する問題を、難易度の低いものから段階別に練習できるように構成。
10．四方からの観察	もの（立体）を様々な角度から見て、どのように見えるかを推理する問題を段階別に整理し、１つの形式で複数の問題を練習できるように構成。
11．いろいろな仲間	ものや動物、植物の共通点を見つけ、分類していく問題を中心に構成。
12．日常生活	日常生活における様々な問題を６つのテーマに分類し、各テーマごとに一つの問題形式で複数の問題を練習できるように構成。
13．時間の流れ	『時間』に着目し、様々なものごとは、時間が経過するとどのように変化するのかということを学習し、理解できるように構成。
14．数える	様々なものを『数える』ことから、数の多少の判定やかけ算、わり算の基礎までを練習できるように構成。
15．比較	比較に関する問題を５つのテーマ（数、高さ、長さ、量、重さ）に分類し、各テーマごとに問題を段階別に練習できるように構成。
16．積み木	数える対象を積み木に限定した問題集。
17．言葉の音遊び	言葉の音に関する問題を５つのテーマに分類し、各テーマごとに問題を段階別に練習できるように構成。
18．いろいろな言葉	表現力をより豊かにするいろいろな言葉として、擬態語や擬声語、同音異義語、反意語、数詞を取り上げた問題集。
19．お話の記憶	お話を聴いてその内容を記憶、理解し、設問に答える形式の問題集。
20．見る記憶・聴く記憶	「見て憶える」「聴いて憶える」という『記憶』分野に特化した問題集。
21．お話作り	いくつかの絵を元にしてお話を作る練習をして、想像力を養うことができるように構成。
22．想像画	描かれてある形や景色に好きな絵を描くことにより、想像力を養うことができるように構成。
23．切る・貼る・塗る	小学校入試で出題頻度の高い、はさみやのりなどを用いた巧緻性の問題を繰り返し練習できるように構成。
24．絵画	小学校入試で出題頻度の高い、お絵かきやぬり絵などクレヨンやクーピーペンを用いた巧緻性の問題を繰り返し練習できるように構成。
25．生活巧緻性	小学校入試で出題頻度の高い日常生活の様々な場面における巧緻性の問題集。
26．文字・数字	ひらがなの清音、濁音、拗音、拗長音、促音と１～20までの数字に焦点を絞り、練習できるように構成。
27．理科	小学校入試で出題頻度が高くなりつつある理科の問題を集めた問題集。
28．運動	出題頻度の高い運動問題を種目別に分けて構成。
29．行動観察	項目ごとに問題提起をし、「このような時はどうか、あるいはどう対処するのか」の観点から問いかける形式の問題集。
30．生活習慣	学校から家庭に提起された問題と思って、一問一問絵を見ながら話し合い、考える形式の問題集。

31．推理思考	数、量、言語、常識（含理科、一般）など、諸々のジャンルから問題を構成し、近年の小学校入試問題傾向に沿って構成。
32．ブラックボックス	箱や筒の中を通ると、どのようなお約束でどのように変化するかを推理・思考する問題集。
33．シーソー	重さの違うものをシーソーに乗せた時どちらに傾くのか、またどうすればシーソーは釣り合うのかを思考する基礎的な問題集。
34．季節	様々な行事や植物などを季節別に分類できるように知識をつける問題集。
35．重ね図形	小学校入試で頻繁に出題されている「図形を重ね合わせてできる形」についての問題を集めました。
36．同数発見	様々な物を数え「同じ数」を発見し、数の多少の判断や数の認識の基礎を学べるように構成した問題集。
37．選んで数える	数の学習の基本となる、いろいろなものの数を正しく数える学習を行う問題集。
38．たし算・ひき算１	数字を使わず、たし算とひき算の基礎を身につけるための問題集。
39．たし算・ひき算２	数字を使わず、たし算とひき算の基礎を身につけるための問題集。
40．数を分ける	数を等しく分ける問題です。等しく分けたときに余りが出るものもあります。
41．数の構成	ある数がどのような数で構成されているか学んでいきます。
42．一対多の対応	一対一の対応から、一対多の対応まで、かけ算の考え方の基礎学習を行います。
43．数のやりとり	あげたり、もらったり、数の変化をしっかりと学びます。
44．見えない数	指定された条件から数を導き出します。
45．図形分割	図形の分割に関する問題集。パズルや合成の分野にも通じる様々な問題を集めました。
46．回転図形	「回転図形」に関する問題集。やさしい問題から始め、いくつかの代表的なパターンから、段階を踏んで学習できるよう編集されています。
47．座標の移動	「マス目の指示通りに移動する問題」と「指示された数だけ移動する問題」を収録。
48．鏡図形	鏡で左右反転させた時の見え方を考えます。平面図形から立体図形、文字、絵まで。
49．しりとり	すべての学習の基礎となる「言葉」を学ぶこと、特に「語彙」を増やすことに重点をおき、さまざまなタイプの「しりとり」問題を集めました。
50．観覧車	観覧車やメリーゴーラウンドなどを舞台にした「回転系列」の問題集。「推理思考」分野の問題ですが、要素として「図形」や「数量」も含みます。
51．運筆①	鉛筆の持ち方を学び、点線なぞり、お手本を見ながらの模写で、線を引く練習をします。
52．運筆②	運筆①からさらに発展し、「欠所補完」や「迷路」などを楽しみながら、より複雑な鉛筆運びを習得することを目指します。
53．四方からの観察 積み木編	積み木を使用した「四方からの観察」に関する問題を練習できるように構成。
54．図形の構成	見本の図形がどのような部分によって形づくられているかを考えます。
55．理科②	理科的知識に関する問題を集中して練習する「常識」分野の問題集。
56．マナーとルール	道路や駅、公共の場でのマナー、安全や衛生に関する常識を学べるように構成。
57．置き換え	さまざまな具体的・抽象的事象を記号で表す「置き換え」の問題を扱います。
58．比較②	長さ・高さ・体積・数などを数学的な知識を使わず、論理的に推測する「比較」の問題を練習できるように構成。
59．欠所補完	線と線のつながり、欠けた絵に当てはまるものなどを求める「欠所補完」に取り組める問題集です。
60．言葉の音（おん）	しりとり、決まった順番の音をつなげるなど、「言葉の音」に関する問題に取り組める練習問題集です。

『読み聞かせ』×『質問』＝『聞く力』

お話の記憶の練習に最適

1話5分の
読み聞かせお話集①②

「アラビアン・ナイト」「アンデルセン童話」「イソップ寓話」「グリム童話」、日本や各国の民話、昔話、偉人伝の中から、教育的な物語や、過去に小学校入試でも出題された有名なお話を中心に掲載。お話ごとに、内容に関連したお子さまへの質問も掲載しています。「読み聞かせ」を通して、お子さまの『聞く力』を伸ばすことを目指します。　①巻・②巻　各48話

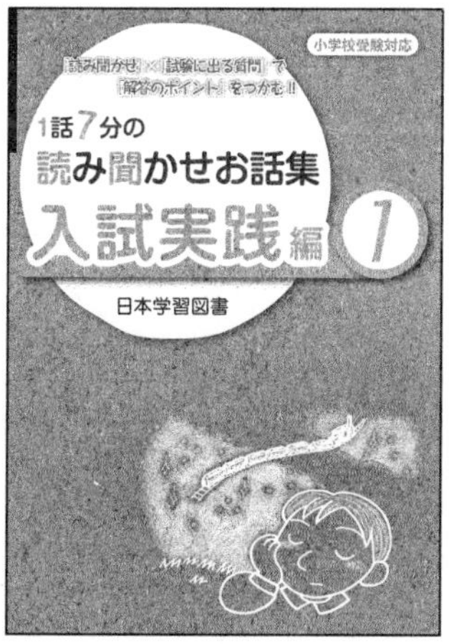

1話7分の読み聞かせお話集
入試実践編①

国立・私立小学校受験対応

最長1,700文字の長文のお話を掲載。有名でない＝「聞いたことのない」お話を聞くことで、『集中力』のアップを目指します。設問も、実際の試験を意識した設問としています。ペーパーテスト実施校の多くが「お話の記憶」の問題を出題します。毎日の「読み聞かせ」と「試験に出る質問」で、「解答のポイント」をつかんで臨みましょう！　50話収録

ニチガクの　この5冊で受験準備も万全！

小学校受験入門
願書の書き方から面接まで　リニューアル版

主要私立・国立小学校の願書・面接内容を中心に、学校選びや入試の分野傾向、服装コーディネート、持ち物リストなども網羅し、受験準備全体をサポートします。

小学校受験で
知っておくべき 125のこと

小学校受験の基本から怪しい「ウワサ」まで、保護者の方々からの125の質問にていねいに解答。目からウロコのお受験本。

新　小学校受験の
入試面接Q＆A　リニューアル版

過去十数年に遡り、面接での質問内容を網羅。小学校別、父親・母親・志願者別、さらに学校のこと・志望動機・お子さまについてなど分野ごとに模範解答例やアドバイスを掲載。

新　願書・アンケート
文例集500　リニューアル版

有名私立小、難関国立小の願書やアンケートに記入するための適切な文例を、質問の項目別に収録。合格を掴むためのヒントが満載！願書を書く前に、ぜひ一度お読みください。

小学校受験に関する
保護者の悩みQ＆A

保護者の方約1,000人に、学習・生活・躾に関する悩みや問題を取材。その中から厳選した200例以上の悩みに、「ふだんの生活」と「入試直前」のアドバイス2本立てで悩みを解決。

日本学習図書株式会社

筑波大学附属小学校　専用注文書

年　　月　　日

合格のための問題集ベスト・セレクション

＊入試頻出分野ベスト３

1st　お話の記憶

集中力　聞く力　知識

2nd　数　量

観察力　思考力

3rd　図　形

観察力　集中力

お話の記憶は、お話が長く、設問も多いことが特徴です。図形・数量は、難しい上に問題数も多いので、時間内に解き終えるための正確さとスピードが求められます。

分野	書　名	価格(税込)	注文	分野	書　名	価格(税込)	注文
総合	筑波大学附属小学校 徹底対策問題集	2,200 円	冊	数量	Ｊｒ・ウォッチャー 41「数の構成」	1,650 円	冊
記憶	筑波大学附属小学校 新 お話の記憶攻略問題集	2,750 円	冊	推理	Ｊｒ・ウォッチャー 15「比較」	1,650 円	冊
図形	筑波大学附属小学校 図形攻略問題集①	2,750 円	冊	推理	Ｊｒ・ウォッチャー 58「比較②」	1,650 円	冊
図形	筑波大学附属小学校 図形攻略問題集②	2,750 円	冊		１話７分の読み聞かせお話集 入試実践編①	1,980 円	冊
巧緻性	筑波大学附属小学校 工作攻略問題集	2,750 円	冊		お話の記憶問題集 上級編	2,200 円	冊
総合	新 筑波大学附属小学校 集中特訓問題集	2,750 円	冊		実践 ゆびさきトレーニング①	2,750 円	冊
総合	筑波大学附属小学校 想定模擬テスト問題集	2,750 円	冊		実践 ゆびさきトレーニング②	2,750 円	冊
図形	筑波大学附属小学校 図形トライ	2,200 円	冊		新 口頭試問・個別テスト問題集	2,750 円	冊
総合	筑波大学附属小学校 ラストスパート	2,200 円	冊		新 運動テスト問題集	2,420 円	冊
作文	保護者のための筑波大学附属小学校作文対策講座	2,200 円	冊		小学校受験で知っておくべき 125 のこと	2,860 円	冊
					新 小学校受験の入試面接Ｑ＆Ａ	2,860 円	冊
					新 願書・アンケート文例集 500	2,860 円	冊
					保護者の悩みＱ＆Ａ	2,860 円	冊
					小学校受験入門　願書の書き方から面接まで	2,750 円	冊

※上記商品の中には、書店では販売していないものもございます。
　オンラインショップ、またはお電話・FAX でお申込ください。

合計	冊	円

（フリガナ） 氏　名	電　話 ＦＡＸ E-mail
住 所　〒　　　ー	以前にご注文されたことはございますか。 有　・　無

★お近くの書店、または記載の電話・FAX・ホームページにてご注文をお受けしております。
　電話：03-5261-8951　FAX：03-5261-8953　代金は書籍合計金額＋送料がかかります。
　※なお、落丁・乱丁以外の理由による商品の返品・交換には応じかねます。

★ご記入頂いた個人に関する情報は、当社にて厳重に管理致します。なお、ご購入の商品発送の他に、当社発行の書籍案内、書籍に関する調査に使用させて頂く場合がございますので、予めご了承ください。

日本学習図書株式会社
http://www.nichigaku.jp

筑波大学附属小学校
数量分野別問題集①　数の構成・比較編

発行日　2021年 10月 25日　第１版発行
発行所　〒 162-0821　東京都新宿区津久戸町 3-11-9F
日本学習図書株式会社
電　話　03-5261-8951 ㈹

詳細は http://www.nichigaku.jp　日本学習図書　検索

ISBN978-4-7761-3129-8
C6037 ¥2500E
定価　2,750円
（本体2,500円＋税10%）

9784776131298
1926037025009